Norbert Hoffmann
Engel ohne Flügel

Norbert Hoffmann

# Engel ohne Flügel

*Geschichten um den Bildhauer,
Maler und Baumeister Michelangelo*

Verlag Butzon & Bercker Kevelaer

Mitglied der »verlagsgruppe engagement«

*Zeichnungen:* Manfred Boiting, Essen
*Alle Fotos:* Bildarchiv Foto Marburg

Für meine Mutter

CIP-Kurztitelaufnahme der Deutschen Bibliothek

**Hoffmann, Norbert:**
Engel ohne Flügel: Geschichten um d. Bildhauer, Maler u. Baumeister Michelangelo / Norbert Hoffmann.
– Kevelaer: Butzon u. Bercker, 1988.
ISBN 3-7666-9521-5

ISBN 3-7666-9521-5

© 1988 Verlag Butzon & Bercker D-4178 Kevelaer 1.
Alle Rechte vorbehalten.
Umschlaggestaltung: Manfred Boiting, Essen.
Titelbild: Sixtinische Kapelle, Decke:
Ausschnitt aus der Darstellung des Propheten Jesaja.
Herstellung: Bercker Graphischer Betrieb GmbH Kevelaer.

# Inhalt

Ein Wort,
bevor du zu lesen beginnst 7

1 Buchstabieren in Stein 11
2 Gewonnen und verloren 19
3 Tausch und Täuschung 23
4 Endlich Stein! 28
5 Die Zähne des Fauns 34
6 Madonna auf der Treppe 39
7 Die Schlacht der Kentauren 44
8 Der Schneemann im Palast 47
9 Gefängnis und Heiligengrab 52
10 Das Geheimnis von Sankt Peter 57
11 Ein versunkener Block 62
12 Zwei Kaufleute aus Brügge 71
13 Das Grabmal für einen Lebenden 75
14 Das ist nicht meine Sache! 81
15 Aller Anfang ist schwer 86
16 Arche und Flut 92
17 Baum und Schlange 97
18 Ein Funke springt über 99
19 Licht und Finsternis 106
20 Ein Esel der Mächtigen 112
21 Christus ist auferstanden 120
22 Die Gruft der Medici 124
23 Das Jüngste Gericht 127
24 Engel ohne Flügel 131
25 Der „schreckliche" Richter 135

| | | |
|---|---|---|
| 26 | Mit dem Rosenkranz in den Himmel | 137 |
| 27 | Der Höllensturz | 140 |
| 28 | Nabel der Welt | 143 |
| 29 | Mose: der Heilige Gottes | 147 |
| 30 | Der Mann mit der Kapuze | 151 |
| 31 | Der geöffnete Himmel | 155 |

**Nachwort**     164

Die bedeutendsten Kunstwerke Michelangelos     165
Zeitgenossen Michelangelos     166
Päpste zur Zeit Michelangelos     167
Wichtige Bücher über Michelangelo     168

# Ein Wort,
# bevor du zu lesen beginnst

Ich weiß ja nicht, wie dieses Buch in deine Hände gelangt ist. Vielleicht hast du es geschenkt bekommen: von deinen Eltern, von einer Tante oder einem guten Freund? Vielleicht hast du es auch in eurer Bücherei gesehen, und der Titel hat dich angelockt?
Und jetzt hältst du dieses Buch in den Händen und entdeckst, daß es von einem Mann handelt, der vor über vierhundert Jahren gelebt hat: Michelangelo, einer der größten Bildhauer, einer der besten Maler und Baumeister, die es jemals gegeben hat. Vielleicht denkst du jetzt: Bildhauer interessieren mich nicht, Maler auch nicht und Baumeister noch weniger. Das ist doch eher etwas für Erwachsene!
Aber, warte einen Augenblick, bevor du das Buch wieder weglegst! Als ich erst ein paar Kapitel geschrieben hatte, bekam auch ich die Sorge: ob das nicht für junge Menschen – so ab zwölf, dreizehn Jahre – zu langweilig ist? Interessieren die sich überhaupt für so etwas?
Ich gab die Kapitel einem guten Freund. Der hat eine dreizehnjährige Tochter – die Antje. Antje nahm die Blätter in die Hand. Sofort wollte sie sie wieder weglegen: „Nee, von einem Künstler ist das", stöhnte sie. „Und dann ist das ja auch schon über vierhundert Jahre her! So etwas Langweiliges lese ich doch nicht!"
„Tu mir einen Gefallen", bat sie ihr Vater. „Lies doch wenigstens ein paar Seiten. Dann kannst du es ja immer noch weglegen!"

Nach einer Stunde kam Antje ins Zimmer ihres Vaters. „Hast du noch mehr Kapitel davon, Vater?" fragte sie. „Das ist ganz schön spannend mit diesem Michelangelo. Ich möchte wissen, wie es weitergeht!"

Tu du mir nun auch einen Gefallen: Lies wenigstens ein paar Seiten! Dann bist du genauso gespannt wie Antje. Dann willst du auch wissen, wie es weitergeht mit Michelangelo.
Und dann? Ja, am Ende weißt du eine ganze Menge über die Bildhauerei. Du weißt, wie der Bildhauer einen Stein auswählt, wie er ein Modell zeichnet und in Wachs und Ton modelliert, wie er dann die Gestalt aus dem Stein befreit. Du wirst auch eine Menge wissen über die Malerei: wie die Entwürfe skizziert werden, wie der Putz für ein Fresko bereitet wird, wie die Farben gerieben und gestoßen werden müssen, wie man sie in den feuchten Putz überträgt. Aber noch mehr: Am Ende des Buches wirst du einen neuen Menschen kennengelernt haben – und vielleicht ist Michelangelo dann sogar dein Freund geworden?!
Vielleicht ist es ihm gelungen, dir mit seinen Bildern und Statuen ein wenig zu erzählen von seinem Glauben an Gott. Vielleicht gelingt es seinen Gestalten aus Marmor und seinen Bildern sogar, dich ein wenig näher zu Gott zu führen.
Ich wünsche dir das jedenfalls.

Bevor es losgeht, noch ein kleiner Hinweis: Vor vielen Jahren bekam ich den Lebensroman „Michelangelo" von Irving Stone in die Hand. Er hat mich seitdem auf meinen Reisen nach Florenz, Carrara, Rom, Bologna, Paris und

Brügge begleitet. Er hat mich zu Michelangelo geführt und mich auf die Idee gebracht, ein spannendes Buch zu schreiben, das auch Kinder und Jugendliche zu diesem großartigen Menschen und Künstler führen kann. Viele Anregungen, die ich dem Werk Stones verdanke, sind in dieses Buch eingeflossen.

Den Maurizio, der als Junge schon Michelangelo als Lehrling helfen durfte, der dann bei ihm blieb bis zu seinem Tod und der uns in der Rahmenerzählung durch das Leben des Michelangelo führt, den gab es natürlich nicht. Den habe ich erfunden. Michelangelo hatte eine ganze Reihe von Lehrlingen und Gehilfen während seines langen Lebens. Die Straßennamen übrigens entsprechen dem heutigen Stand. Alle erwähnten Straßen bin ich persönlich abgegangen... Die wörtlichen Gespräche sind mehr oder weniger erdichtet. Alles andere jedoch stimmt mit der Wirklichkeit überein. Dafür bürgen unter anderem die wissenschaftlichen Werke, die ich im Anhang aufgeführt habe.

*Norbert Hoffmann*

# 1 Buchstabieren in Stein
*(Geburt und Kindheit 1475–1488)*

„Maurizio, hör auf zu träumen, und komm endlich!" Mein Bruder Francesco stieß mich in die Rippen. Dann zog er mich auf die Piazza hinaus. Jedesmal ging mir das so, wenn ich am Eingangsportal der Signoria vorbeikam, dem altehrwürdigen Sitz der Bürgerschaft meiner Heimatstadt Florenz. Jedesmal mußte ich dort stehenbleiben, und jedesmal fing ich an zu träumen. Dann stand ich vor der Marmorfigur des David. Und vor meinen Augen sah ich die Jahre, die ich mit Meister Michelangelo verbringen durfte...

Zwölf Jahre war ich damals, als mich mein Vater mit einer Gruppe von Händlern auf den Weg nach Rom schickte. „Meister Michelangelo hat mir geschrieben", erklärte mir mein Vater eines Tages nach dem Abendessen, „er braucht dringend einen Helfer bei dem großen Auftrag, den er vom Heiligen Vater erhalten hat." Und so wurde ich als Helfer des großen Michelangelo nach Rom geschickt.

Natürlich war ich nicht dabei, als Michelangelo im Jahre 1475 in der kleinen Stadt Caprese nahe von Florenz geboren wurde. Dazu bin ich noch viel zu jung! Aber mein Vater war mit Michelangelo befreundet, und er hat mir viel von ihm erzählt. Lodovico hieß der Vater von Michelangelo und mit Familiennamen Buonarroti. Caprese gehörte damals zu Florenz, und Michelangelos Vater war durch die Herrscherfamilie von Florenz, die Medici, zum Friedensrichter von Caprese gemacht worden. Michelangelos Mutter hieß Francesca. Wie es damals üblich war, bekam Michelangelo eine Amme, die die erste Zeit für ihn sorgte.

Signora Topolini, die Frau eines Steinmetzen, kümmerte sich wie eine Mutter um den kleinen Michelangelo. „Damals, als Michelangelo dort in dem Dorf Settignano mitten in den Steinbrüchen, mitten zwischen Steinmetzen aufwuchs", sagte mein Vater immer, „da hat er schon den Marmorstaub eingeatmet. Da hat ihn der Marmor gepackt. Und er hat ihn nie wieder losgelassen!" Ja, das muß wohl so gewesen sein: Als Kind hatte Michelangelo zum Spielen keine Holzklötze, sondern Marmorbrocken. Die ersten Spielzeuge für Michelangelo waren ein Satz winzig kleiner Eisen und Schlegel, die Vater Topolini aus Eisenstäben für ihn im Feuer geschmiedet hatte. Auf einer Marmorplatte schlug er damit das Alphabet der Steinmetzen ein. Das waren bestimmte Zeichen, bestimmte Arten, den Stein zu schlagen. Vater Topolini und die älteren Söhne zeigten ihm diese Zeichen immer und immer wieder, bis dem Kleinen die Handgriffe, die Schläge in Fleisch und Blut übergegangen waren. Bis er mit Schlegel und Eisen spielte wie andere Kinder mit Puppen oder Bauklötzen. Keine Arbeit war das für den kleinen Michelangelo, sondern Spiel. Er lernte, im Spiel mit dem Stein umzugehen, seine Eigenarten zu erkennen und zu behandeln. Schon damals als Kind erkannte er, daß man nicht mit Gewalt gegen den Stein vorgehen darf, sondern daß die Hand und das Eisen vom Stein geführt werden.
Später dann zog die Familie Buonarroti – es gab inzwischen sechs Söhne – wieder nach Florenz zurück, in die Heimatstadt des Vaters. Zuerst hatte Michelangelo großes Heimweh: nach den grünen Hügeln der Toscana, geschmückt von den dunklen Schatten der Zypressen, Heimweh nach der Familie Topolini, seinem ersten Lehrer und

seinen Spielgefährten. Heimweh auch nach dem Steinbruch und nach dem Stein, der ihm als Spielzeug diente. Doch bald öffneten sich seine Augen für die wunderschönen Steine seiner Vaterstadt Florenz.
Immer wieder blieb er bei seinen Streifzügen durch die Stadt an den Mauern der Paläste stehen. Immer wieder strich seine Hand liebevoll über den Stein. Das waren die Steine, die aus seinem Steinbruch kamen, die seine Freunde bearbeitet hatten. Wie kunstvoll sie sich fügten: zu Palästen, zu Mauern, zu prachtvollen Bogengängen, zu herrlichen Kirchen!

„Michelangelo, willst du nicht mit uns Ball spielen?" rufen seine Brüder. „Fang uns, Michelangelo!" und sie verstecken sich hinter den riesigen Steinblöcken des nächsten Palastes. Oft ist es so, als wenn Michelangelo gar nicht hört, was um ihn herum geschieht, daß er nichts von dem sieht, was sich vor seiner Nase abspielt. „Michelangelo, der ist oft gar nicht wirklich da!" beschweren sich seine Brüder beim Vater. Und auch der beginnt sich Sorgen zu machen, weil sein Zweitältester so ganz anders ist als alle anderen Söhne.
Im Alter von sechs Jahren schickt Vater Buonarroti seinen Michelangelo auf die Lateinschule. Aus seinem Sohn soll etwas Vernünftiges werden. Schließlich sind die Buonarrotis eine alte Florentiner Familie. Schließlich haben sie immer etwas bedeutet in der Stadt.
Michelangelo quält sich fünf Jahre mit den Buchstaben des lateinischen Alphabets, mit dem Griffel und der Feder. Nie gehen ihm die Buchstaben der Steinmetzen aus dem Sinn, die er schon als kleines Kind mit Schlegel und

Eisen in den Marmor graben durfte. So ist die Schule für ihn eine einzige Quälerei.

Granacci, Michelangelos bester Freund, ist ein paar Jahre älter als er und einen Kopf größer. Meistens begleitet er seinen kleinen Freund auf den Streifzügen durch die Stadt. Als sie auf der Rückseite des Domes ankommen und gerade in die Via dei Servi einbiegen wollen, da spürt Michelangelo, wie Granacci seinen Arm greift und ihn mit sich fortzieht in die Via Bufalini hinein. Dann geht es durch verschlungene Gassen bis an die zweite Stadtmauer. Vor einem prächtigen Hause bleiben sie stehen. „Das ist doch das Haus von Ghirlandajo! Bei dem bist du doch Lehrling! Was sollen wir bei diesem Meister der Maler?" fragt Michelangelo seinen Freund. „Du wirst schon sehen", antwortet der nur, und er schiebt den Kleinen vor sich her in den Eingang hinein.

Da stehen sie mitten in der Malerwerkstatt. Auf einem hohen Podest sitzt Meister Ghirlandajo über seinen Gehilfen und Lehrlingen. Ein riesiger Raum, hoch und breit. Es beißt in den Augen von den scharfen Farben, und es kratzt im Hals. Einfache Bretter auf Holzböcken bilden die Tische. An denen sitzen die Lehrlinge und Gehilfen. Sie zerstoßen Farben in Mörsern, sie fertigen Skizzen an und malen die Entwürfe mit bunten Farben aus. An den Wänden hängen aufgereiht die Zeichengeräte: Federn, Kohlestifte, Scheren, Lineale, Dreiecke, Papier und Karton und was man sonst zum Malen und Zeichnen braucht.

Der Meister ist ganz in seine Arbeit vertieft; er bemerkt nicht, daß die beiden Freunde seine Werkstatt betreten haben. Dann stehen sie vor seinem Zeichentisch. In diesem Augenblick steigt Michelangelo der ungewohnte, bei-

ßende Geruch der Farben in die Nase. Krampfhaft versucht er, sich zu beherrschen. Er beißt sich auf die Lippen, kneift sich in die Nase. Nichts hilft. „Haaaatschiiii...!" – und die Zeichenbögen des Meisters fliegen in hohem Bogen vom Tisch. „Ja, zum Teufel!" schlägt dieser wütend mit der Faust auf den Tisch. „Seid ihr denn verrückt geworden?" Mit vor Zorn funkelnden Augen blickt er von seiner Arbeit auf. Er sieht den dreizehnjährigen Knirps vor sich stehen, der sich verlegen die Nase reibt. Kaum kann er über den Tisch gucken. „Und was kannst du noch, außer niesen?" fragt er unfreundlich.
„Zeichnen!" antwortet Michelangelo schlagfertig. „Zeichnen kann ich außerdem noch, Meister Ghirlandajo. Und ich möchte noch etwas von Euch dazulernen!" – „So so, zeichnen kannst du also, mein kleines Bürschchen mit der großen Nase! Ja, dann zeig mir doch mal, was du kannst. Ob du besser zeichnen kannst als niesen!"
Der Meister reicht ihm ein Stück Papier und einen Kohlestift: „Zeichne irgend etwas aus der Werkstatt", sagt er.
Auf den Stufen des Podestes, zu Füßen von Meister Ghirlandajo, läßt sich Michelangelo nieder. Und er beginnt zu zeichnen. Der Kohlestift flitzt nur so über das Papier. Nicht nur irgendeinen Gegenstand aus der Malerwerkstatt will er zeichnen, sondern die ganze Werkstatt.
„Du hast doch bestimmt schon in einer anderen Malerwerkstatt gelernt!" Michelangelo hat gar nicht gemerkt, daß der Meister hinter ihn getreten ist und schon eine ganze Weile über seine Schulter schaut. „Nein, Meister Ghirlandajo, habe ich nicht!" – „So etwas kann man doch nicht von selbst!" – „Nun, ich habe immerfort in der Lateinschule gezeichnet, wenn der Unterricht zu langweilig

war. Ich laufe jeden Tag durch unsere Stadt, und da zeichne ich die wunderschönen Dinge, die es an allen Ecken gibt."

„Gut, gut... es ist wirklich gut!" wehrt der anerkennend ab. „Du kannst in meiner Werkstatt anfangen. Am besten gleich morgen. Wir haben viel zu tun." – „Ja, aber mein Vater...", klagt Michelangelo mit leiser Stimme. „Was ist mit deinem Vater?" erkundigt sich Ghirlandajo. „Ja, mein Vater, der will nicht, daß ich Maler werde. Und auf keinen Fall wird er das Lehrgeld zahlen!" jammert der Junge. „So, er will also kein Lehrgeld zahlen? Dann bestell ihm mal, deinem Vater, daß es eine hohe Ehre ist, wenn einer seiner Söhne bei Meister Ghirlandajo lernen darf. Und wenn er das nicht begreift, dann sag ihm: ‚Meister Ghirlandajo zahlt ihm für die große Ehre, seinen Sohn Michelangelo unterrichten zu dürfen, sechs Dukaten im ersten Jahr, acht im zweiten und zehn im dritten Jahr!'"
Michelangelo bekommt vor Staunen seine Augen und seinen Mund nicht mehr zu. Auch den anderen Lehrlingen bleibt die Spucke weg: So mancher Pinsel und so mancher Stift sind hingefallen. Keiner arbeitet mehr. So etwas ist in dieser Werkstatt noch nie geschehen! Da spürt Michelangelo, wie sein Freund Granacci ihn am Arm faßt und aus der Werkstatt führt.

„Komm schnell", flüstert er Michelangelo ins Ohr, „bevor sich der Meister das noch anders überlegt." Dann rasen die beiden wie der Wind nach Hause. „Du willst Maler werden?" schreit Vater Buonarroti, kaum daß Michelangelo einen Satz gesagt hat. „Ich soll Lehrgeld zahlen, damit einer meiner Söhne später ein Hungerleider wird? Das kommt gar nicht in Frage!"

„Nein, Vater", erklärt Michelangelo kleinlaut, „du brauchst kein Lehrgeld zahlen. Im Gegenteil: Meister Ghirlandajo wird dir etwas zahlen, wenn ich bei ihm arbeite: sechs Dukaten im ersten Jahr, acht im zweiten und zehn im dritten Jahr!"
Jetzt ist es an Michelangelos Vater, den Mund und die Augen aufzureißen. So sehr ist er erstaunt und wohl auch über die neuen Einkünfte begeistert, daß er nichts mehr sagt.
„Gemacht!" ruft Granacci und schlägt seinem Freund Michelangelo auf die Schulter, als sie wieder draußen vor dem Haus stehen. „Morgen früh um sechs komme ich dich abholen. Dann beginnt dein erster Tag in der Malerwerkstatt!"

## 2 Gewonnen und verloren
*(In Ghirlandajos Malerwerkstatt 1488/89)*

„Also: fünfzehn Minuten Zeit zum Zeichnen. Und der Gewinner des Wettstreits ist Sieger und Gastgeber!" erklärt Jacopo, einer der anderen Lehrlinge in Ghirlandajos Malerwerkstatt, die Spielregeln. „Und warum darf ich nicht mitmachen bei eurem Spiel?" fragt Michelangelo enttäuscht. „Weil du noch ein Anfänger bist", erklärt Jacopo abweisend. „Erst vier Wochen in der Werkstatt und schon große Töne spucken. Das fehlt uns gerade noch!" Ja, schon ein Monat ist um, und heute hat Michelangelo seinen ersten Lohn ausbezahlt bekommen...
Jacopo ist immer zu tollen Späßen aufgelegt. Besonders solche Späße liebt er, die auf Kosten anderer gehen. Mi-

chelangelo weiß noch nichts davon. Und er merkt überhaupt nicht, wie Jacopo ihn langsam, aber sicher in eine Falle lockt.

„Ich möchte aber mitmachen, Jacopo! Schließt mich doch von eurem Spiel nicht aus!" Michelangelo blickt zu Granacci hinüber, seinem Freund. Von ihm erwartet er Hilfe. Doch Granacci sitzt ganz verbissen an seiner Arbeit, so, als wenn ihn alles gar nichts anginge.

„He, ihr alle, hört mal zu!" ruft Jacopo in die Werkstatt. „Michelangelo, unser Jüngster, will unbedingt bei dem Spiel mitmachen. Was meint ihr dazu? Sollen wir eine Ausnahme machen?"

Bedächtig wiegen die anderen Lehrlinge ihre Köpfe hin und her. So, als wenn sie angestrengt nachdenken müßten. So, als wenn eine ganz schwierige Entscheidung zu fällen sei. Zögernd kommen die Antworten: „Ja, ich weiß nicht so recht!" – „Wenn er unbedingt will!" – „Richtig ist das nicht, aber wenn du meinst." –„Eigentlich bin ich dagegen. Aber im Gegensatz zu uns bekommt Michelangelo ja sogar ein Lehrgeld. Dann muß er ja besonders gut zeichnen können. Soll er ruhig mitmachen!"

„Ja", beschließt Jacopo die Diskussion, „auch wenn Michelangelo noch nicht so gut zeichnen kann wie wir, er soll eine Chance haben. Michelangelo, du darfst mitmachen!" Und er reicht dem Jungen ein Blatt und einen Zeichenstift.

Wie wild beginnt Michelangelo zu zeichnen. Die Striche fliegen nur so auf das Blatt. Aus der Erinnerung zeichnet er einen alten Holzhändler, der jeden Tag an der Werkstatt vorbeikommt. Eine Kiepe mit Holz trägt er auf dem Rücken. Tief gebeugt von der Last geht er Schritt für

Schritt. Vor Anstrengung treten ihm die Adern aus dem Kopf. Ab und zu bleibt er stehen und wischt sich den Schweiß von der Stirn. Diesen Holzhändler mit seiner schweren Last fängt Michelangelo mit seiner Zeichnung ein.
Da ruft Jacopo: „Schluß jetzt! Die fünfzehn Minuten sind um. Alle müssen jetzt ihre Zeichnung abgeben!"
Die Lehrlinge legen ihre Zeichnungen nebeneinander auf den Tisch. Bedächtig gehen alle davor hin und her. So, als wenn die Entscheidung furchtbar schwerfällt. „Soll diese Zeichnung gewinnen? Oder diese?" Immer wieder halten sie ein Blatt in die Höhe. Jacopo macht der scheinbaren Wahl ein Ende. Er nimmt die Zeichnung von Michelangelo, hält sie in die Höhe und verkündet: „Hier, die Zeichnung von Michelangelo hat gewonnen! Wer ist noch meiner Meinung?"
Da ist ein Geschrei in der Werkstatt! Gut, daß Meister Ghirlandajo nicht anwesend ist. Alle sind auf einmal für Michelangelo. Die Glückwünsche seiner Mitlehrlinge nehmen kein Ende. Auf den Schultern tragen sie Michelangelo aus der Werkstatt. Unter lautem Geschrei und mit Jubelgesängen geht es zur nächsten Gastwirtschaft. Michelangelo ist ganz stolz: Als jüngster Lehrling, als Anfänger, hat er den Wettstreit gewonnen! Und plötzlich, als sie an der Wirtschaft angekommen waren, wird ihm bewußt: Ich habe auch den Preis gewonnen. Und der Preis ist: Ich darf allen Lehrlingen ein Mittagessen bezahlen! Nudeln als Vorspeise, ein pikanter Rinderbraten mit Gemüse als Hauptgericht und eine Süßigkeit als Nachspeise! Dazu wenigstens drei Liter Wein zum trinken! „Mein Gott", denkt Michelangelo, „was mach ich jetzt bloß? Mein Vater

wartet zu Hause, daß ich ihm den ersten Lohn – sechs Dukaten – bringe. Und ich lasse mich so von den anderen hereinlegen!" Er fühlt die Goldstücke in seiner Tasche. Ghirlandajo hatte sie ihm am Morgen ausgezahlt. Bald würden sie nicht mehr dasein, die Goldstücke. Und sein Vater würde ihm gehörig die Meinung sagen.

Kaum haben sie in der Wirtschaft Platz genommen, da wird auch schon das Essen aufgetragen.

„War das alles geplant?" fragt Michelangelo seinen Freund Granacci, der neben ihm sitzt. „Hattet ihr geplant, mich hereinzulegen? Und war das Essen schon vor dem Wettstreit bestellt?"

Granacci schaut verschämt auf seinen Teller. „Das ist immer so, Michelangelo!" erklärt er. „Immer, wenn ein Neuer in die Werkstatt kommt, wird er hereingelegt." – „Und du konntest mich nicht warnen? Du als Freund?" – „Das hätte doch nichts genützt!" entschuldigt sich Granacci. „Oder hättest du dann etwa eine schlechte Zeichnung gemacht?"

Zu Hause kommt das erwartete Gewitter. Michelangelo will sich durch den Hintereingang ins Haus schleichen. Aber sein Vater hat den Lohntag nicht vergessen. „Wo ist dein erster Lohn?" fragt er, und er hält seine Hand auf.

Michelangelo erzählt, wie er hereingelegt wurde. Er wird immer kleiner und drückt sich ganz in eine Ecke hinter den großen Schrank. „Nicht nur ein Maler willst du werden!" schimpft sein Vater. „Sondern ein Esel bist du noch dazu! Mein Sohn: ein Maler und ein Esel!" Wütend rennt der Vater aus dem Zimmer.

„Maurizo, komm weiter!" Mein Bruder zog mich am Arm.

Wie so oft war ich ins Träumen gekommen, wenn mich irgend etwas an meinen Freund Michelangelo erinnerte. (Ich darf ihn gewiß Freund nennen, denn das ist er mir im Laufe der Jahre geworden.) Gerade war ich auf dem Sonntagsspaziergang mit meinem Bruder an der alten Werkstatt des Meisters Ghirlandajo vorbeigekommen. Es war jetzt ganz still dort. Nicht nur, weil Sonntag war. Ghirlandajo war schon vor langen Jahren gestorben, und die Werkstatt war aufgelöst. Aber sie erinnerte mich immer noch an Michelangelo, dem ich vor vielen Jahren bei seiner Arbeit helfen durfte. Und sie erinnerte mich an die vielen Geschichten, die mein Vater mir von Michelangelo erzählt hatte.

## 3 Tausch und Täuschung
*(In Ghirlandajos Malerwerkstatt 1488/89)*

„Michelangelo, reich mir mal den Kohlestift!" – „Die rote Farbe muß noch zerrieben und zerstoßen werden!" – „Michelangelo, das Zeichenpapier ist auf den Fußboden gefallen." – „Mensch, ist das kalt hier, Kleiner! Kannst du nicht mal was auf's Feuer legen?" Die Rufe und Befehle schallen nur so durch die Malerwerkstatt, daß Michelangelo überhaupt nicht mehr weiß, was er zuerst tun soll. Jetzt ist er schon ein paar Wochen in der Werkstatt, und immer noch wird er wie der letzte Hilfsarbeiter behandelt. Maler will er werden und nicht Laufjunge! Na ja, sein Vater hatte ihm schon vorher gesagt: „Lehrjahre sind keine Herrenjahre!" Aber von „Sklavenjahren" war keine Rede gewesen!

Hinzu kommt, daß Meister Ghirlandajo genau zu dem Zeitpunkt, als Michelangelo die Lehre begonnen hatte, einen großen und ehrenvollen Auftrag bekam. In der Kirche Santa Maria Novella sollte der Chorraum hinter dem Altar neu ausgemalt werden. Das Dach war schadhaft geworden, die bisherigen Gemälde vom Regen zerstört. Und es war in Florenz so, daß jede bedeutende Familie jeweils eine Kapelle in einer Kirche sozusagen „besaß". Das hieß: die Kosten für die Ausmalung und Instandhaltung dieser Kapelle mußten von der Familie getragen werden.

Die Chorkapelle in Santa Maria Novella „gehörte" seit ewigen Zeiten der Familie Ricci. Da diese Familie aber nicht mehr genug Geld hatte, um die Kosten für eine neue Ausmalung aufzubringen, war die Kapelle in einen immer schlechteren Zustand geraten. Endlich war es zu einer Vereinbarung zwischen der Familie Ricci und der Familie Tornabuoni, der reichsten Familie von Florenz, gekommen. Die Tornabuonis erklärten sich bereit, alle Kosten zu tragen, wenn man ihr die Ausmalung überließe. So war Ghirlandajo zu seinem großen Auftrag gekommen.

Als Michelangelo heute morgen zur Werkstatt kommt, ist alles in großer Aufregung. Vor dem Haus stehen Esel, die mit Zeichengeräten bepackt werden. Farben werden auf Schubkarren geladen. Und auf geht's nach Santa Maria Novella!

Aber auch hier ist Michelangelo nur Handlanger. Er hilft beim Aufbau des Gerüstes. Er reicht die Tröge mit dem frischen Mörtel an. Er richtet die Farben her. Nur Malen darf er nicht.

Allerdings lernt er alles, was er später als Maler wissen

muß: „*Fresco* heißt frisch", erklärt ihm sein Meister. „Wenn du ein Fresko malst, ist der Untergrund das Wichtigste! Hier, sieh mal: Nimm für den Mörtel keinen Sand, der zu nah vom Meer stammt. Auch der Kalk darf nicht allzu frisch sein. Und gib möglichst wenig Wasser in den Mörtel hinein. Er muß etwa so weich sein wie frischer Käse!" – „Aber, ich will Maler werden und nicht Maurer!" stöhnt Michelangelo. „Wenn du ein guter Maler sein willst, muß der Untergrund stimmen, auf dem du malst!" entgegnet Ghirlandajo. „Und denk daran: Trage immer nur jeweils einen Meter mal einen Meter Mörtel auf die Wand auf. Dann übertrage sofort den Entwurf des Bildes auf die Wand. Und – ohne auch nur eine Minute Zeit zu verlieren – male dann das Bild in den frischen Mörtel. Nur so kommen die Farben richtig heraus, und dein Gemälde hält noch hundert Jahre auf der Wand."
Michelangelo lernt, wie man den Karton mit dem Entwurf auf den feuchten Mörtel hält. Daß man mit einem spitzen Stift verschiedene Punkte des Figurenumrisses durch den Karton sticht. Ein mit Ruß gefüllter Beutel muß dann immer wieder auf die Löcher geschlagen werden. Der Karton wird entfernt und die Punkte mit dem Kohlestift durch Linien verbunden.
Nun geht es an die Farben! „Zwei Stunden lang mußt du jede Farbe im Mörser stampfen. Sie muß fein werden wie Pulver!" erklärt ihm der Meister. „Ein einziger Knubbel zerstört das ganze Bild!" Michelangelo lernt, welche Farben er zum Beispiel mischen muß, allein nur um Schwarz zu erhalten.
„Was nützt es, wenn du Farben mischen kannst", sagt ihm ein Geselle, „wenn du aber keinen Pinsel besitzt, mit dem

du malen kannst!" Michelangelo lernt, sich selbst einen Pinsel zu machen. Er erfährt, daß die Borsten von weißen Hausschweinen die besten Pinsel geben...
Endlich ist es soweit. Ganz weit oben, in der höchsten Ekke des Chorraumes, die man von unten kaum sehen kann, wird Michelangelo ein Stück von ein paar Quadratmetern zugewiesen. „Jetzt zeig einmal, was du kannst und was du gelernt hast!" meint Ghirlandajo. „Jetzt bist du ganz allein!"
Erst der Untergrund, dann die Punkte, dann die Linien, dann die Farben. Nur ein einziges Mal fragt Michelangelo seinen Meister um Rat. Als sein erstes Fresko fertig ist, sagt keiner etwas. Alle stehen sie staunend vor dem ersten Bild ihres jüngsten Lehrlings.
Nur für ein paar Tage ist der Junge zufrieden. Dann will er mehr lernen, immer mehr.
Er weiß, daß sein Meister eine Mappe besitzt, in der er seine wichtigsten Entwürfe verwahrt. Eines Tages bittet Michelangelo: „Meister, kann ich mir für ein paar Tage Eure Mappe ausleihen? Ich möchte noch mehr lernen." – „Aber nicht mit meiner Mappe", lehnt Ghirlandajo ab. „Jeder Maler hat seine eigene Mappe!"
Sein Lehrling arbeitet den ganzen Tag ebenso verdrossen wie beharrlich. Auch als alle anderen Feierabend machen, rührt sich Michelangelo nicht von seinem Platz. Als der Meister geht, sieht Michelangelo, wie er die Mappe mit den Skizzen in die Tischschublade legt.
Michelangelo blickt sich nach allen Seiten um: Ist auch wirklich niemand mehr in der Werkstatt? Nein, er ist ganz allein! Er schleicht sich zum Tisch des Meisters, macht die Schublade auf und nimmt aus der Mappe den

Entwurf eines Frauenkopfes. Es ist ein altes Blatt, stark vergilbt, und an den Rändern ist es fast schwarz und bröckelig. In Windeseile kopiert der Lehrling die Skizze des Meisters. Da ist kein Unterschied festzustellen! Außer dem, daß das Original schon über dreißig Jahre alt ist...
„Das Papier", fragt sich Michelangelo, „wie kriege ich das Papier dreißig Jahre älter?"
In der Ecke steht die Kohlenpfanne mit glühender Holzkohle. Er hält seine Kopie über das Feuer. Das Blatt beginnt sich zu krümmen und eine gelbliche Farbe anzunehmen. Dann läuft er auf den Hof. Mit ein bißchen Lehm sind rasch ein paar Flecken auf das Papier gebracht. Nun noch die Ränder! Über der Öllampe, die auf seinem Tisch steht, bewegt Michelangelo die Ränder des Blattes langsam hin und her. Sie beginnen schwarz zu werden, verkohlen hier und dort und beginnen zu bröckeln. So, jetzt ist es geschafft: Die beiden Skizzen – das Original und die Kopie – gleichen einander wie ein Ei dem anderen!
Michelangelo legt die Kopie in die Mappe seines Meisters und verschließt die Schublade. Wie ein Luchs beobachtet er in den nächsten Tagen, wie Ghirlandajo immer wieder seine Skizzenmappe hervorholt. Er sieht, wie er mit den Skizzen arbeitet – auch mit seiner Kopie. Keine Reaktion! Der Meister merkt nichts! Er hält die Kopie des Lehrlings für sein eigenes Original.
Über Wochen geht das so. Eines Tages – wieder ist Michelangelo allein in der Werkstatt – reitet ihn der Teufel. Er legt das Original des Frauenkopfes wieder in die Mappe des Meisters zurück. Läßt aber seine Kopie auch darin.
Drei Tage danach merkt er, wie Ghirlandajo mitten in der

Arbeit unruhig wird. Er steht auf, geht zur Tür. Wieder an den Tisch zurück. Nimmt zwei Blätter. Hält sie hoch. Legt sie wieder zurück. Nimmt die Blätter, geht damit auf den Hof. Kopfschüttelnd kehrt er in die Werkstatt zurück. „Michelangelooooo...!" Wie ein Löwe brüllt Ghirlandajo diesen Namen durch die Werkstatt. Alle Gehilfen und Lehrlinge erstarren wie zu Stein. „Michelangelo, komm her!" Auf dem Tisch liegen die beiden Blätter nebeneinander. Nicht zu unterscheiden. Voll Zorn und gleichzeitig Bewunderung blickt der Meister seinen Schüler an. „Nimm!" sagt er nur. Michelangelo nimmt seine Kopie, die Ghirlandajo nicht erkannt hatte, rollt sie zusammen und steckt sie in die Tasche. „Was will ich dir noch beibringen?" fragt sein Meister nur, sonst nichts.

## 4 Endlich Stein!
*(In der Bildhauerschule 1489–1492)*

„Ja, was will Ghirlandajo mir noch beibringen?" fragt Michelangelo seinen Freund Granacci auf einem der vielen Streifzüge durch ihre Vaterstadt Florenz. „Alles, was Ghirlandajo kann, habe ich gelernt", seufzt der Vierzehnjährige selbstbewußt. „Und im übrigen: Malen und Zeichnen, das ist nicht meine Sache. Ich will etwas mit Stein machen. Skulpturen aus Stein. Bildhauer will ich werden."
Während sich die beiden noch angeregt unterhalten, sind sie in die Nähe des Klosters San Marco gekommen. Plötzlich bleibt Michelangelo stehen. „Halt, Granacci, sei mal ruhig!" Er hebt die Hand. Beide lauschen. „Wahrhaftig!"

ruft Michelangelo ganz aufgeregt, „das ist doch, das ist doch... Aber das kann nicht sein! Es gibt doch keinen Bildhauer mehr in Florenz!" – „Aber ja doch", meint Granacci, „da wird auf Stein geschlagen!" – „Ach, du hast keine Ahnung, Granacci! Stein wird nicht geschlagen. Wenn Stein geschlagen wird, dann wehrt er sich, dann springt er, dann zerreißt er..." Michelangelo ist ganz aus dem Häuschen. „Hör nur, Granacci: Der Stein singt! Da ist ein Bildhauer am Werk. Ich höre, wie der Schlegel das Eisen in den Stein treibt. Da, jetzt wechselt die Melodie: Der Bildhauer benutzt nun das Spitzeisen."

Michelangelo ist nicht mehr zu halten. Wie ein Artist erklettert er das hohe Gitter, das den Garten von San Marco umgibt. Granacci kann nur mit Mühe folgen. Dann sind beide mitten im Klostergarten. *„Madonna mia* – heilige Muttergottes!" staunt Michelangelo. „Sieh nur, Granacci, sieh nur...!" stottert er, und – Mund und Augen weit aufgerissen – steht er da wie eine Statue.

„Du paßt ganz gut hier in den Garten!" Granacci stößt seinen Freund in die Rippen. Überall stehen Statuen. Griechische Skulpturen, römische Nachbildungen. Hier stehen Bildwerke von Ghiberti, Brunelleschi, von Donatello. „Wo sind wir hier, Granacci? Sind wir im Himmel?" – „Nein, *caro mio* – mein Freund", Granacci legt Michelangelo beruhigend seinen Arm um die Schulter, „nein, nein, wir sind noch ganz auf der Erde."

Und Granacci gesteht seinem Freund, daß sie nicht zufällig hier am Garten von San Marco vorbeigekommen sind. Schon seit Wochen geht das Gerücht durch Florenz, daß Lorenzo de Medici, den alle nur „*Il Magnifico*" – den Prächtigen – nennen, daß der Herr des Herrscherhauses

Medici einen Bildhauergarten in Florenz eröffnet habe. „*Il Magnifico* will die Kunst der Bildhauerei wieder zu neuem Leben erwecken", erzählt er seinem Freund. „Aber wie denn?" fragt der verzweifelt. „Es gibt doch keinen Meister mehr. Es sind doch alle längst gestorben!"
Wieder hören die beiden den Bildhauer bei der Arbeit. Gespannt bis in die Haarspitzen geht Michelangelo den geliebten Lauten nach. Hinter einer Baumgruppe entdecken sie ein geräumiges Gartenhaus. Und vor dem Haus eine Loggia – eine überdachte Terrasse. Von dort kommen die Geräusche. Und da sehen sie es: Ein uralter Mann mit weißem Bart bearbeitet mit Schlegel und Eisen einen riesigen weißen Marmorblock. Bei jedem Schlag sprühen die weißen Marmorflocken auf. Wie ein Schneesturm umwirbeln sie den Bildhauer. Er selbst und seine Umgebung ist mit Marmorschnee bedeckt.
Inzwischen waren die beiden Freunde unbemerkt ganz nahe an den Bildhauer herangekommen. „Bertoldo!" stöhnt Michelangelo auf. „Meister Bertoldo! Aber der ist doch schon lange tot!" – „Wie?" fragt der Mann mit dem weißen Bart. „Ich soll tot sein? Davon weiß ich aber nichts. Du siehst, ich lebe. Und wie!" Er spricht zu Michelangelo, ohne von seiner Arbeit auch nur einen Augenblick aufzusehen. „Und du bist bestimmt Michelangelo Buonarroti. Der Malerlehrling, dem sein Meister Ghirlandajo nichts mehr beibringen kann. Du hast doch die Figuren links oben im Chorraum von Santa Maria Novella gemalt. Stimmt's?" Michelangelo kommt aus dem Staunen nicht mehr heraus. „Woher wissen Sie...?" fragt er. „Woher ich das alles weiß? Ja, weißt du, mein Junge, Florenz ist ein Dorf. Und da gibt es nichts, was *Il Magnifico* – der Herr von Florenz

– nicht erfährt. Und heute morgen hat er zu mir gesagt: ‚Bertoldo, da gibt es in der Werkstatt von Ghirlandajo einen äußerst begabten Lehrling. Vielleicht wär der was für unsere neue Bildhauerschule!' Und was habe ich getan? Ich habe zu Granacci gesagt: ‚Granacci, schaff mir diesen Burschen her, diesen Michelangelo!' Und das hat Granacci getan."
„Was hast du?" fragt Michelangelo ungläubig. „Du hast gewußt...?" Verlegen tritt Granacci von einem Fuß auf den anderen. „Ja, *caro mio,* so war es. Aber ich durfte nichts sagen. *Peccato* – verzeih mir!"
Und ob Michelangelo seinem Freund verzeiht! Er nimmt ihn in die Arme, er tanzt mit ihm durch den Garten, sie fallen zu Boden und albern herum wie zwei Verrückte. Bald sind die beiden ebenso „schneebedeckt" wie Meister Bertoldo. Dann kommt die Ernüchterung: „Aber ich habe doch einen Lehrvertrag! Was wird Ghirlandajo sagen, was wird mein Vater sagen...?" – „Das überlaß mal dem *Magnifico!* Mit Ghirlandajo, das hat er schon geregelt, und mit deinem Vater wird er noch sprechen." – „*Un miracolo* – ein Wunder!" jubelt Michelangelo. „Stein, endlich Stein! Die Malerei hat ein Ende!"
Dann schaut er, wieder traurig geworden, zu Granacci hinüber. „Aber du, was ist mit dir? Dann können wir ja nicht mehr zusammensein." – „Doch, doch", tröstet ihn Bertoldo, „auch dein Freund Granacci wird hier im Bildhauergarten arbeiten. Bist du nun zufrieden?"
Und ob Michelangelo zufrieden ist. Seit er als Fünfjähriger nach Florenz gekommen ist, gab es kaum einen Augenblick, in dem er nicht an seine Kindheit gedacht hatte, die er bei der Steinmetzfamilie Topolini mitten in den

Eine typische Gasse in Florenz. So, wie sie Michelangelo vor über vierhundert Jahren durchstreifte. So, wie wir sie heute in Florenz sehen können.

Steinbrüchen von Settignano verbringen durfte. Niemals hat er seine ersten Spielzeuge vergessen: die kleinen Schlegel und Eisen. Immer war die Sehnsucht nach dem Stein in ihm wachgeblieben. Alle seine Streifzüge durch Florenz hatten nur den einen Zweck gehabt: Stein. Er hatte die Bildwerke mit seinen Augen verschlungen. Er hatte die Reliefs an den Häusern mit seinen Händen betastet. Wie sich der Stein anfühlte, so lebendig; so, als wolle er jeden Augenblick zum Leben erstehen! Und jetzt ist er am Ziel seiner Wünsche. Jetzt kann er endlich Bildhauer werden!
Diese Nacht kann Michelangelo kein Auge zutun. Bereits um fünf ist er vor dem Haus seines Freundes Granacci. Dort pfeift er solange, bis Granacci nichts anderes übrig bleibt, als sich anzuziehen und mit Michelangelo nach San Marco zu gehen.
„Den Block möchte ich haben!" ruft er Bertoldo schon entgegen, als dieser um acht Uhr den Garten betritt. Der lacht nur und winkt ab: „Laß mal den Block, Michelangelo! Den heben wir für später auf. Erst kommt das andere!"
Er führt Michelangelo und Granacci in das Gartenhaus. Hier sieht es fast so aus wie in Ghirlandajos Malerwerkstatt. Er weist den beiden einen Tisch zu, vor dem eine griechische Skulptur steht. Dann gibt er ihnen Zeichenpapier und einen Stift. „Das erste ist der Entwurf!" erklärt Bertoldo. „Zeichnet einen Entwurf für diese Statue. Und denkt daran: Der richtige Weg ist immer von innen nach außen."
„Wie von innen nach außen?" fragt Michelangelo.
„Zuerst das Skelett, dann die Sehnen und Muskeln, dann das Fleisch um die Knochen, dann die Kleider!"

Wochenlang Entwürfe zeichnen. „Immer zeichnen!" klagt Michelangelo. „Und ich dachte, ich dürfte endlich an den Stein!" – „Oh, das dauert noch", tröstet ihn Bertoldo. „Nach dem Entwurf kommt erst das Modell. Zuerst in Wachs und dann in Ton. Und denk daran: immer von innen nach außen – auch bei den Modellen!" – „Und wann bekomme ich den Stein?" fragt Michelangelo verzweifelt. „Dann, wenn die Zeit dafür da ist!" antwortet Bertoldo. „Dann, wenn du gute Modelle hast!"

## 5 Die Zähne des Fauns
*(Im Palast der Medici 1490–1492)*

Schon wochenlang zeichnet Michelangelo Entwürfe nach Statuen, die ihm sein Meister Bertoldo zeigt. Endlich kann er ans Modellieren. „Auch hier wieder", erklärt Bertoldo, „mußt du von innen nach außen arbeiten. Beim Modellieren mit Wachs oder mit Ton schaffen wir ein Bild dadurch, daß wir etwas hinzufügen. Das müssen wir als Bildhauer zuerst können. Erst danach schaffen wir durch Wegnehmen." „Mit Eisen und Schlegel!" ergänzt Michelangelo ungeduldig. „Ja, mit Schlegel und Eisen. Aber *pazienza,* Michelangelo, Geduld! Zuerst Wachs und Ton!"
Und Bertoldo zeigt ihm, wie man als erstes aus Holzstäbchen oder Eisendraht das Knochengerüst baut. Wie man dann das Wachs oder den Ton aufträgt, zuerst mit Werkzeugen, danach mit den Fingern formt und glättet. „Denke daran: Füge dem Wachs beim Erhitzen ein wenig Fett hinzu, dann wird es elastischer! Wenn es zu weich ist, dann mach es durch Terpentin zäher!"

Voller Ungeduld formt Michelangelo eine Figur nach der anderen. Er blickt verstohlen immer wieder zu den Marmorblöcken hinüber, die neben dem Gartenhaus gelagert sind. „Wann kann ich endlich an den Stein?" Das ist die Frage, die ihn ständig antreibt. Seine Sehnsucht nach dem Marmor läßt ihn schneller und flinker modellieren, formen, glätten als jeden anderen Schüler. Doch nach jeder fertiggestellten Skulptur stellt ihm Bertoldo eine neue Statue vor die Nase: „Du kannst es noch besser, Michelangelo, noch genauer, noch schöner!"
Eines Tages – Michelangelo hatte schon fast die Hoffnung aufgegeben, jemals an Stein zu kommen – nimmt ihn Bertoldo mit in die Via Larga. Bald stehen sie vor dem gewaltigen Palast der Medici. Sie gehen hinein. Am liebsten würde Michelangelo an jedem Kunstwerk stehenbleiben, jede Statue mit der Hand befühlen, jedes Bild bewundern. Aber Bertoldo läßt ihm keine Zeit zum Verweilen. Er drängt: „*Avanti* – komm, Michelangelo! Es gibt etwas ganz Wichtiges, das du sehen mußt! Das andere später! Du wirst noch genug Zeit haben!"
Durch lange Gänge geht es. Immer neue Zimmer und Säle durchschreiten sie. Dann sind sie plötzlich in einer kleinen Kammer, die vollgestopft ist mit Bruchteilen von Figuren. Stücke großer Statuen liegen herum. Bertoldo geht auf eine Kiste zu, hebt den Deckel und hält Michelangelo die Maske eines Fauns entgegen.
Erschreckt weicht Michelangelo einen Schritt zurück. „Warum hast du Angst?" fragt Bertoldo. „Das ist doch nur eine Maske aus Stein." – „Ist das der Teufel?" – „Nein, mein Junge, das ist ein Faun. Und die Maske ist sicher schon über tausend Jahre alt. Leider ist der Mund zer-

schlagen. Gestern habe ich sie zufällig gefunden." – „Und was ist das, ein Faun?" – „Faunus, der war bei den alten Römern der Gott der Fruchtbarkeit, der Schützer von Wald und Feld." – „Und wozu dann so eine Maske?" – „Na ja", antwortet Bertoldo, „so etwa um die Zeit, in der wir heutzutage Karneval feiern, feierten die alten Römer ein Fest des Faunus. Und da hielt man sich solche Masken vors Gesicht!"
Michelangelo nimmt die Maske in die Hand. Und je länger er sie betrachtet, desto mehr scheint sie ihm zu gefallen. „Wenn man sich vorstellt, wie der Mund ausgesehen hat! Das war sicher ein lustiges Gesicht, ein wenig spitzbübisch vielleicht!" „Ja, vielleicht", meint Bertoldo. „Wenn du willst, kannst du die Maske mit in das Gartenhaus nehmen. Du kannst sie dir ja noch ein paar Tage ansehen!"
Michelangelo stellt die Maske auf seinen Arbeitstisch. Am Abend, als alle anderen gehen, hat er auf einmal unheimlich viel zu tun. Er zeichnet wild drauflos, tief über seinen Tisch gebeugt. Endlich sind alle weg. Michelangelo stürzt nach draußen. Dort liegt der Marmorblock, auf den er schon vor Monaten ein Auge geworfen hatte und den er nie anrühren durfte.
Schlegel und Eisen findet er am Arbeitsplatz der Steinmetzen. Und schon fliegen die Marmorstücke wie wirbelnder Schnee. Den Faun hat Michelangelo längst in dem Marmorblock entdeckt. Der wartet darauf, daß er befreit wird vom überflüssigen Stein. Michelangelo merkt nicht, wie die Zeit vergeht. Immer wieder muß er neue Kerzen anzünden, die den Raum erhellen.
Um ihm herum gibt es nichts mehr, nur den Marmor und den Faun. So kann Bertoldo unbemerkt an ihn herantre-

ten, als es längst Morgen geworden ist und die anderen Schüler langsam eintreffen.
Schon über eine Stunde stehen sie hinter Michelangelo und beobachten ihn bei der Arbeit. Inzwischen sind alle überstäubt von dem Marmorschnee.
„*Basta* – fertig!" stößt Michelangelo hervor. Er läßt Eisen und Schlegel aus den Händen fallen und fällt selbst erschöpft in den nächsten Sessel. Er ist so erschöpft, daß er nichts mitbekommt vom Staunen seiner Kameraden und vom Lob seines Meisters. Selbst als die Tür aufgeht und „*Il Magnifico*" – Lorenzo de Medici – eintritt, scheint er davon nichts zu bemerken.
„*Bellissimo* – wunderschön!" Lorenzo hält die Maske des Fauns etwas von sich weg in der ausgestreckten Hand.
„Aber du hast deinen Faun so alt gemacht und ihm trotzdem alle Zähne im Mund gelassen", kritisiert er lachend. „Du müßtest doch wissen, daß man in solch hohem Alter nicht mehr alle Zähne hat!"
Michelangelo greift zu Schlegel und Eisen. „Peng", ein Schlag, und schon fliegt der erste Zahn in hohem Bogen durch die Werkstatt. „Peng", der zweite und ebenso der dritte.
„Jetzt stimmt's. Es stimmt wirklich alles!" Lorenzo de Medici legt seinen Arm um Michelangelos Schulter. „Und morgen früh, da bringst du mir deinen Faun in den Palast!"
Als Michelangelo am nächsten Morgen zum Medici-Palast kommt, hat er seine beste Sonntagskleidung angezogen, und in der Hand hält er seinen Faun. An der Pforte wissen sie Bescheid. Er wird sofort zum Herrn des Hauses und der Stadt Florenz geleitet. „Herzlich willkommen zu Hau-

se!" Lorenzo kommt Michelangelo entgegen. Er nimmt ihm den Faun aus der Hand und geht ihm voran in das Innere des Palastes.

Dann öffnet er eine Tür. „Und hier", sagt er, „hier stellen wir deinen Faun auf." – „Aber da ist ja ein Bett und ein Schrank und ein Tisch!" staunt Michelangelo. „Wessen Zimmer ist das?" – „Das ist ab jetzt dein Zimmer. Hier wirst du in Zukunft wohnen. Und direkt nebenan wohnt dein Lehrer Bertoldo. Du gehörst jetzt zu unserer Familie, Michelangelo."

Michelangelo ist so überrascht, daß er kein Wort herausbringt. „Und wenn du dir Sorgen machst, daß dein Vater nicht einverstanden ist", erklärt Lorenzo, „dann sind deine Sorgen überflüssig. Ich habe gestern schon mit ihm gesprochen. Er bekommt eine einträgliche Stellung als Zollverwalter und monatlich fünf Golddukaten extra."

Dann läßt Lorenzo den Jungen allein. Im Schrank findet Michelangelo neue Kleider, passend für ihn gemacht. Während er noch staunend vor dem Schrank steht und alles gar nicht begreifen kann, geht die Zimmertür auf, und Bertoldo kommt herein. „Herzlich willkommen in unserer Familie!" begrüßt er Michelangelo. „Zieh dir jetzt ein neues Gewand an. In einer halben Stunde hole ich dich ab zum Mittagessen!"

Michelangelo kann das alles gar nicht fassen. Er, der einfache Florentiner Junge, gehört zur Familie der Fürsten Medici! Fast wie im Traum zieht er sich ein neues Hemd, Kniehose und Wams aus dem Schrank an und folgt Bertoldo in den festlich gedeckten Speisesaal. Er traut seinen Augen nicht: Alles, was in Florenz Rang und Namen hat, alle bedeutenden Wissenschaftler Europas, wie er später erfährt, sind um den Tisch der Medici versammelt. Und er, der kleine Bildhauer, bekommt den Ehrenplatz direkt neben „*Il Magnifico*" angewiesen. Als Lorenzo ihn vorstellt, möchte er am liebsten im Boden versinken.

## 6 Madonna auf der Treppe
*(Im Palast der Medici 1490–1492)*

„Und wie ist es Michelangelo damals im Palast der Medici ergangen?" fragte mich mein Bruder Francesco. „All diese berühmten Leute – zusammen mit dem jungen Michelangelo unter einem Dach! Hat er sich da überhaupt wohlgefühlt? Hat er in der Zeit überhaupt weitere Kunstwerke aus Stein geschaffen?"
Normalerweise wurde Francesco immer sehr ungeduldig, wenn ich ihm von Michelangelo erzählen wollte. Aber inzwischen hatte er schon eine ganze Menge mitbekommen. Und es scheint: Er hat langsam Interesse gefunden an Michelangelo.
Ich berichtete ihm deshalb, was mir Michelangelo über sein Leben im Palast der Medici selbst erzählt hatte.

Wirklich, Michelangelo, der fünfzehnjährige Lehrling im Bildhauergarten von San Marco, ist Mitglied der Familie Medici. Er wohnt im gleichen Palast, er ißt am gleichen Tisch, er bekommt Taschengeld wie die Söhne und Töchter Lorenzos. Tagsüber arbeitet er unter Anleitung des Meisters Bertoldo im Bildhauergarten. Abends sitzt er dabei, wenn die Wissenschaftler und großen Gelehrten mit dem *Magnifico* gelehrte Gespräche führen. Er versteht natürlich die erste Zeit überhaupt nichts. Schon allein deshalb, weil diese Gelehrten meist lateinisch sprechen und nicht italienisch. Und manchmal diskutieren sie auch in griechischer Sprache. Vor allem dann, wenn es um einen der großen griechischen Gelehrten geht. Das spielt überhaupt eine große Rolle in den abendlichen Gesprächen: die griechische Geschichte und Kultur, die Erkenntnisse der großen griechischen Gelehrten und Denker. Und es stärkt sich in ihm die Vermutung, daß im Palast der Medici alles getan wird, die alte griechische Kultur und Wissenschaft nach fast zweitausend Jahren wieder neu zum Leben zu erwecken.

Es braucht einige Zeit, bis die gelehrten Herren bemerken, daß ihr jüngster Zuhörer rein gar nichts von dem versteht, was sie besprechen. So kommt es, daß mal der eine, mal der andere Michelangelo tagsüber an die Seite nimmt. Dann bekommt der junge Bildhauer Privatunterricht. Er lernt griechische Texte lesen. Er wird eingeführt in die Welt der griechischen Sagen und Helden. Und so langsam beginnt er, daran Geschmack zu finden.

Aber zunächst wird all dies von einer anderen Idee verdrängt. Immer wieder steigt das Bild seiner Mutter, die er schon so früh verlor, in ihm auf. Immer wieder sieht er sie in seinen Träumen. In den vielen Muttergottesbildern, die ihm tagtäglich in den Kirchen seiner Vaterstadt und vor allem auch im Palast der Medici begegnen, erkennt der Sechzehnjährige das Bild seiner Mutter.

Eines Abends nimmt ihn Lorenzo mit auf einen Spaziergang durch den ganzen Palast. In vielen Räumen und Sälen gibt es Gemälde der Jungfrau und Gottesmutter: das Ereignis der Verkündigung, Maria mit dem Kind, die

Mutter unter dem Kreuz und die Mutter mit dem toten Sohn auf ihrem Schoß. Michelangelo wird immer stiller. Die Mutter mit dem Kind und die Mutter unter dem Kreuz. Was ist das Wort wert, das Maria dem Engel bei der Verkündigung geantwortet hat: „Mir geschehe nach deinem Wort"? War es eine freie Entscheidung? Eine freie Entscheidung kann man nur treffen, wenn man um die Folgen weiß. Wußte Maria in dem Augenblick, in dem sie „Ja" sagte zu Gottes Willen, wußte sie da schon um das Kind, das sie auf ihrem Schoß tragen wird, und wußte sie um das Kreuz, an das ihr Sohn geschlagen werden würde? „Ja", ruft er so laut, daß Lorenzo erschreckt zusammenfährt, „ja, sie muß es gewußt haben! Ja, sie hat es gewußt! Sonst wäre alles nichts wert!"

Das ist es! Michelangelo geht auf sein Zimmer. Tag und Nacht fliegt der Kohlestift über das Papier. Die Entwürfe bedecken den Tisch, fallen zu Boden. Wie von Sinnen bringt der junge Künstler seine Ideen zu Papier.

Nach drei Tagen und durchwachten Nächten ist es soweit: Michelangelo geht zu Bertoldo und bittet ihn um einen Marmorblock, um Schlegel und einige Eisen. „Willst du nicht zuerst modellieren, mein Junge, zuerst in Wachs, dann in Ton? So wäre es richtig!" ermahnt ihn der Meister. „Nein, nein, nur richtig ist, was ich sehe, was ich fühle. Es ist da, ich muß es befreien!"

Ein flacher Block aus weißem Marmor ist bald gefunden. Michelangelo stellt ihn so ins Licht, daß die Sonne direkt auf ihn strahlt und durch ihn hindurchleuchtet. Jede Unreinheit, jede Ader, jeden eingeschlossenen Fremdkörper kann man so entdecken. Michelangelo gießt Wasser auf den Block. Es dringt in den Stein und macht ihn noch durchsichtiger. „*Ecco* – da ist es!" ruft Michelangelo. Und schon fliegt das Eisen über den Stein wie zuvor der Stift über das Papier.

Etwas über vier Wochen vergehen wie im Traum. Tag für Tag fliegen die weißen Marmorflocken aus dem Stein wie Schnee. Sie bedecken seine Haare, sein Gesicht, seine Kleidung. Michelangelo nimmt nichts von dem wahr, was um ihn herum geschieht. Im Takt der Schläge schließt er seine Augen, damit die Marmorsplitter ihn nicht verletzen. So hat er es als Kind bei den Steinmetzen in Settignano gelernt. Sein Atem geht im Rhythmus der Schläge. „Befreien, befreien, befreien..." Ja, er wird sein Bild aus dem Stein befreien. *(Siehe Abbildung 1.)*

Die Figuren treten ans Licht. Die Gottesmutter Maria sitzt auf einem Steinblock am Fuß einer steilaufragenden Treppe. Das Kind trägt sie auf dem Schoß an ihrer Brust. Oben auf der Treppe – kaum zu erkennen – die Gestalten zweier Kinder. Ein paar Stufen unterhalb: Johannes, der später Jesus taufen wird. Die Hand der Mutter, die das Kind hält, umfaßt das Treppengeländer, in dem man auch einen senkrechten Balken sehen kann. Der wiederum wird von Johannes umarmt.

So entsteht für den, der zu sehen vermag, die Andeutung des Kreuzes, gebildet aus dem Geländer und dem Arm des Johannes. Die Mutter trägt das Kreuz ebenso wie das Kind bereits in ihrem Schoß.

Die Schüler aus dem Bildhauergarten stehen dichtgedrängt um Michelangelo, als er beginnt, mit einer Raspel, dann mit dem Bimsstein und zuletzt mit Schmirgel das Relief zu glätten.

„Was willst du uns sagen, Michelangelo?" fragt Lorenzo,

der den Garten unbemerkt betreten hat. „Dieses Bild der Muttergottes gibt es noch nicht."
„Das ist der Augenblick, in dem der Engel die Jungfrau Maria vor die Frage stellt: Willst du ‚Ja' sagen zu Gottes Willen? Das ist die Verkündigung!" – „Und was soll das Kind bei der Verkündigung?" fragt einer seiner Kameraden. „Und kann man da nicht auch das Kreuz erkennen, so, wie der Johannes sich über das Geländer beugt? Wieso das Kreuz schon jetzt?"
„Weil Maria alles gewußt hat! Wie sollte es auch anders sein? War sie etwa eine Sklavin, ein willenloses Geschöpf? Nein, Gott will unsere freie Entscheidung. Und ich kann mich nur frei entscheiden, wenn ich weiß!"

Unbemerkt hatte ich meinen Bruder Francesco in die Via Ghibellina geführt. „Willst du die ‚Madonna auf der Treppe' sehen?" fragte ich ihn, als wir vor der Casa Buonarroti standen. „Wieso sind wir jetzt hier gelandet?" fragte mein Bruder. „Ich denke, wir gehen nach Hause?" – „Wir haben einen kleinen Umweg gemacht und könnten einen kurzen Besuch bei Michelangelos Verwandten machen, die jetzt hier wohnen. Ich dachte mir, du willst bestimmt das Relief sehen, das der sechzehnjährige Michelangelo geschaffen hat." – „Ja, wenn wir schon mal hier sind..."
Im ersten Stock des Hauses der Familie Michelangelos fanden wir auch bald das Relief mit der Madonna auf der Treppe. Nur ganz wenig treten die Figuren aus dem Stein. Selbst mein sonst so ungeduldiger Bruder konnte sich von dem Werk des sechzehnjährigen Künstlers nicht losreißen.

# 7 Die Schlacht der Kentauren
*(Im Palast der Medici 1490–1492)*

Während ich noch mit meinem Bruder vor dem Relief mit der Madonna auf der Treppe stand, fiel mir ein: Hier mußte sich noch ein anderes Marmorrelief befinden, das der sechzehnjährige Michelangelo bald darauf geschaffen hatte. Ich erzählte das Francesco, und der sagte nur: „Ja, Maurizio, wenn du meinst... wenn wir schon mal hier sind..." Wir fanden das Bildwerk rasch. Zunächst waren wir ein wenig verwirrt von dem unentwirrbaren Knäuel von Menschen, die fast die ganze Fläche des flachen Marmorblocks füllten. „Das ist ja ganz anders als die ‚Madonna auf der Treppe'. Wie ist das denn entstanden?" fragte mich Francesco.

Nun lebt der sechzehnjährige Michelangelo bereits ein Jahr im Palast der Medici. Es fehlt ihm an nichts. Pünktlich liegen am Ersten jeden Monats fünf Golddukaten Taschengeld auf seiner Kommode. Tagsüber arbeitet er weiterhin im Bildhauergarten von San Marco. Zu den Mahlzeiten ist er ein Ehrengast an der reichgedeckten Tafel der Familie Medici. Abends nimmt er teil an den hochgelehrten Gesprächen, die Lorenzo de Medici mit den berühmtesten Gelehrten der damaligen Zeit führt. So langsam fühlt sich Michelangelo in der Sprache, Geschichte und Sagenwelt der alten Griechen zu Hause.

Nachdem er eines Abends diesen gebildeten Männern seine „Madonna auf der Treppe" vorgestellt hatte, sind sie zunächst voller Lob über das erste Werk des jungen Künstlers. Doch dann spürt Michelangelo bei seinen Lehrern eine gewisse Enttäuschung. „Was ist los?" fragt er Poliziano, der ihm am meisten aus der Welt der griechischen Sagen erzählt hatte. „Gefällt euch meine Madonna nicht?" – „*Si, certo* – doch, gewiß, sie gefällt uns sehr!" – „Aber warum seid ihr dann so traurig?" – „Weißt du, Michelangelo, ich glaube, das ist so: Über ein Jahr haben wir uns nun große Mühe gegeben, dir alles beizubringen über die Geschichte und die Sagen der Griechen. Und da dachten wir, da hofften wir... du würdest so langsam Spaß daran bekommen!" – „Hab ich doch, Poliziano", fällt ihm Michelangelo ins Wort. „Eine Menge Spaß habe ich daran gefunden." – „Ja, und da haben wir wohl gedacht, dein erstes Bildwerk würde etwas damit zu tun haben. Deshalb sind wir wohl ein bißchen enttäuscht..."

Michelangelo begreift die Enttäuschung seiner Lehrer gut. Als er sich auf sein erstes Werk vorbereitete und darüber nachdachte, lag in seinem Kopf ein Bild aus den griechischen Sagen mit dem Bild der Muttergottes in heftigem Wettstreit. Die Entscheidung war dann für Maria gefallen. Vielleicht, weil er spürte, daß auch er – daß jeder Mensch – im Grunde immer in der wichtigen Entscheidung steht: Soll ich meiner inneren Stimme folgen? Meinem Gewissen? Soll ich „Ja" sagen zum Willen Gottes oder nicht? Deshalb war ihm die Szene der Verkündigung so wichtig. Deshalb hatte er sie als erstes gestaltet.

Doch nun gewinnt eine griechische Sage, die Poliziano ihm erzählt hatte, in ihm die Oberhand: der Kampf zwischen Lapithen (ein griechischer Volksstamm) und den Kentauren (Wesen aus der Sagenwelt mit menschlichem Oberkörper und dem Leib eines Pferdes). Diese Sage verdichtet sich in seinem Kopf immer mehr zu einem Bild.

Eines Tages reitet er hinaus nach Settignano in die Steinbrüche. Dort, bei „seiner" Familie Topolini, wo er aufgewachsen war, zeichnet er mit dem Kohlestift die Steinmetzen bei ihrer Arbeit. Er studiert das Spiel der Muskeln, die Anspannung der Sehnen. Als er am Abend nach Hause kommt, trägt er eine Menge von Entwürfen in den Palast der Medici. Bereits am Tag darauf läßt er sich von seinem Freund Granacci eine Holzplatte anfertigen in den Maßen des flachen Marmorblocks, den er für sein Relief „Kampf der Kentauren" vorgesehen hat. Auf die Holzplatte werden Drähte befestigt. Um die Drähte formt Michelangelo aus Wachs die Abbildungen eines scheinbaren Gewühls menschlicher Körper.

Dann beginnt die Arbeit am weißen Marmor. Schlag auf Schlag dringt das Eisen in ihn ein. Die Figuren treten aus ihm heraus, als wollten sie dem toten Stein lebendig entspringen. Drei Wochen, fünf Wochen arbeitet Michelangelo wie im Fieber. Von dem, was um ihn herum geschieht, nimmt er nichts wahr. Kaum, daß er Zeit findet zum Essen und Schlafen. Der weiße Marmorschnee wirbelt durch den Bildhauergarten.

Der flache Marmorblock ist bis an den Rand ausgefüllt mit einem Ineinander, Miteinander und Gegeneinander menschlicher Körper. Der Marmor lebt. Michelangelo hat den Stein zum Leben erweckt. Die ursprüngliche Idee, der Kampf der Kentauren mit den Lapithen, war hinter der Darstellung des Menschen zurückgetreten.

„Das ist ja nicht mehr die Sage, von der wir sprachen", kritisiert Poliziano enttäuscht. – „Nein", antwortet Michelangelo, „das ist der Kampf des Guten gegen das Böse! Der ist nicht alt, der ist keine Sage. Der ist immer!"

„Aber ist es erlaubt, den Menschen so nackt darzustellen?" fragt ein anderer vorwurfsvoll.
„Der Mensch ist das größte Kunstwerk in seiner Schönheit und in seiner Kraft!" – „Du betest den Menschen an?" – „*Non... mai* – nein, niemals!" wehrt Michelangelo entrüstet ab. „Ich bewundere den Menschen. Ich bete allein Gott an... Gott allein, der den Menschen so wunderbar geschaffen hat."

## 8 Der Schneemann im Palast
*(Nach Lorenzo de Medicis Tod 1492–1494)*

„Das soll sich einer vorstellen", meinte ich empört zu meinem Bruder Francesco, als wir auf der Via Larga spazierengingen und wieder einmal vor den mächtigen Steinblöcken des Palastes der Medici standen. „Da erkennt Lorenzo de Medici, daß Michelangelo einer der größten Künstler ist. Kaum ist er tot, da muß der Siebzehnjährige den Palast verlassen. Und dann befiehlt dieser Piero, der Nachfolger des Lorenzo, dieser Strohkopf, daß Michelangelo ihm einen Schneemann bauen soll!"
„Sag das noch mal, Maurizio!" forderte mich mein Bruder auf. „Michelangelo und einen Schneemann bauen? Das kann doch nicht wahr sein! Das mußt du mir genauer erzählen."

Lorenzo der Prächtige – „*Il Magnifico*" – war schon längere Zeit krank. Schon vor Wochen hatte er sich auf sein Landgut nach Careggi zurückgezogen. Am 8. April 1492 starb er dort.

Michelangelo ist voller Trauer. Seinen väterlichen Freund, seinen Lehrer und Beschützer, gibt es nicht mehr. Der Palast der Medici ist leer geworden. Die gelehrten Männer, die Lorenzo um sich gesammelt hatte, waren aus Florenz fortgegangen.

Was soll Michelangelo nun noch im Palast? Heimlich, ohne daß ihn jemand bemerkt, verläßt er ihn. Er kehrt zurück in die Via Bentaccordi. Dort wohnen in einem bescheidenen Haus sein Vater und seine Brüder.

Als er es überhaupt nicht mehr aushält, kauft er sich von gespartem Geld einen Marmorblock. Daraus meißelt er einen überlebensgroßen Herkules, den er für gutes Geld verkaufen kann.

Mehrere Monate lang studiert Michelangelo nun Medizin. Nicht an einer Universität. Michelangelo besorgt sich alle Bücher, die er bekommen kann, Bilder, Zeichnungen vom Körper des Menschen. Er studiert den Aufbau der Knochen, das Skelett, die Sehnen und Muskeln. „Von innen nach außen mußt du das Modell schaffen", hatte ihn Bertoldo gelehrt. „Zuerst die Knochen, dann die Sehnen und Muskeln, danach das Fleisch und die Haut, zuletzt die Kleidung!" Das hat Michelangelo nie vergessen. Genauso zeichnet er seine Entwürfe. Genauso fertigt er seine Modelle. Das ist die Voraussetzung für die Arbeit am Marmor.

Aber er weiß viel zu wenig über den menschlichen Körper. Monatelang studiert er jeden Muskel, jede Sehne. Bis er ganz genau weiß, wie alles funktioniert, wie alles zusammenhängt.

Eines Morgens, im Januar des Jahres 1494, schaut Michelangelo nach dem Aufstehen aus dem Fenster. Er traut

seinen Augen nicht. Ganz Florenz ist von einer dicken Schneedecke verhüllt. Es schneit weitere vierundzwanzig Stunden lang. In Florenz fällt die größte Schneemenge seit Menschengedenken.
Die Stadt ist wie gelähmt. Nichts geht mehr. Kein Fuhrwerk kann auf den tief verschneiten Straßen fahren. Kein Mensch traut sich aus dem Haus in die Kälte. Alle sitzen aneinandergedrängt und in warme Decken gehüllt am Ofen, sofern man genügend Holz zum Heizen hat.
Da klopft es laut an der Tür des Hauses Buonarroti. „Wer mag das nur sein, bei diesem Wetter?" fragt Michelangelos Vater. „Heute jagt man doch keinen Hund vor die Tür!"
Als es noch einmal – und diesmal lauter – klopft, öffnet ein Bruder Michelangelos die Tür. Ein scharfer und kalter Windzug läßt alle erschauern. Während ein über und über mit Schnee bedeckter Mann das Haus betritt, wirbelt der Wind eine ganze Menge Schnee herein. „Schnell zumachen!" ruft der Vater, und er wendet sich dem Besucher zu. „Was treibt Euch bei solchem Wetter zu uns?" – „Ich bin ein Diener im Palast der Medici", antwortet der. „Der Medici? Was wollen die von uns? Seit fast zwei Jahren, seit *Il Magnifico* tot ist, haben wir aus dem Palast nichts mehr gehört. Und jetzt bei diesem Wetter!"
„Michelangelo, komm sofort zum Palast", wendet sich der Diener an Michelangelo. „Piero wünscht dich zu sehen."
Michelangelo steigt nach oben in seine Schlafkammer, ohne ein Wort zu sagen. Er wird sich umziehen und dem Diener zum Palast der Medici folgen. Er zieht alle Kleidung an, die er besitzt. Und oben drüber den violetten Mantel, den ihm Lorenzo geschenkt hatte.

Immer noch fühlt er sich in den Diensten der Medici. Es wäre auch nicht ganz ungefährlich gewesen, hätte Michelangelo dem Befehl Pieros nicht gehorcht. Immerhin ist Piero als Nachfolger seines Vaters Lorenzo der Herr des Hauses Medici und der Herrscher von Florenz. Und einen Herrscher läßt man nicht warten.

Der Weg zur Via Larga fällt Michelangelo nicht so leicht. Innerlich und äußerlich. Mit jedem Schritt, den er dem Palast der Medici näherkommt, werden die Erinnerungen an Lorenzo und an die Jahre in der Familie deutlicher, und sie tun weh. Hinzu kommt, daß der Schnee fast kniehoch liegt. Mehr als einmal liegt Michelangelo – so lang, wie er ist – im Schnee.

Durchgefroren und die Gelenke steif vor Kälte, kommt Michelangelo mit dem Diener im Palast der Medici an. Piero erwartet ihn schon in der gut geheizten Eingangshalle. „Gut, daß du da bist, Michelangelo!" ruft er voll Freude. Er läuft auf Michelangelo zu und umarmt ihn. So, als wenn Michelangelo niemals den Palast verlassen hätte. „Du bist unser Bildhauer, Michelangelo. Komm, du mußt mir eine schöne Statue aus Schnee machen!"

Nein, nein, das ist keine Beleidigung für den Bildhauer. Eine Statue aus Schnee machen, das ist nicht unter seiner Würde. Es ist selten genug, daß in Florenz einmal solch eine Menge Schnee liegt. Und da ist es Brauch, daß Bildhauer Statuen aus Schnee bauen. Michelangelo tut es gern.

Und er tut es gut. Er macht aus Schnee eine solch große und wunderschöne Statue, daß Piero vor Bewunderung und Freude ganz aus dem Häuschen ist. Diener werden in alle Stadtviertel von Florenz geschickt. Bald wimmelt der

Palasthof von Menschen. Alle müssen den „Schneemann" bewundern, den der Bildhauer der Medici geschaffen hat. Die Florentiner sprechen immer noch voll Bewunderung über Michelangelos „Schneemann", als der Schnee längst geschmolzen ist und von der schönen Statue nichts mehr zu sehen ist als eine kleine Pfütze auf dem Hof des Palastes.

Es ist so, als wenn Piero plötzlich wieder einfiele, welch großer Künstler Michelangelo ist. Als wenn es ihm leid tue, daß er sich seit dem Tod Lorenzos so wenig um ihn gekümmert hat.

„Bleib bei uns, Michelangelo!" bittet er. „Du hast doch immer zu uns gehört, und so soll es auch wieder sein. Alles soll wieder so sein wie früher." Michelangelo läßt sich nicht lange bitten. Immerhin hat er in den letzten zwei Jahren auch genügend Heimweh gehabt nach der „Familie Medici" und nach dem Leben im Palast.

Aber es ist nicht mehr wie früher, zu den Lebzeiten Lorenzos. Die Begeisterung Pieros über die Bildhauerkunst Michelangelos verfliegt ebenso schnell, wie der Schnee schmilzt.

Wieder ist Michelangelo unheimlich enttäuscht. Dann überschlagen sich die Ereignisse. Die Franzosen sind dabei, Italien zu erobern. Sie befinden sich mit ihren Truppen bereits in der Toscana und sind auf dem Weg nach Florenz. In der Stadt gibt es Aufstände: „Die Medici müssen weg! Nieder mit Piero! Er unterdrückt uns und saugt uns aus bis aufs Blut."

Mitten in der Nacht verläßt Michelangelo Hals über Kopf den Palast und flieht mit zwei Freunden in Richtung Bologna.

Und er hat recht: Nur etwa drei Wochen später wird Piero mit seiner Familie aus der Stadt verjagt. Die Florentiner schreien: „Volk und Freiheit!" Sie nutzen die Nähe des französischen Heeres. Und Michelangelo hätte als Freund der Medici das gleiche Schicksal gedroht – wenn nicht Schlimmeres.

## 9 Gefängnis und Heiligengrab
*(In Bologna 1494/95)*

„So feige war Michelangelo", fragte mich mein Bruder Francesco, „daß er bei der ersten kleinen Schwierigkeit aus seiner Vaterstadt Florenz floh?" Wir standen immer noch vor dem Palast der Medici in der Via Larga. „Feigheit nennst du das?" entgegnete ich Francesco wütend. „Ich nenne das Klugheit. Michelangelo erkannte die Gefahr, die sich über ihm zusammenbraute. Und da ist es besser, sich klug aus dem Staub zu machen, als dumm auf die Gefahr zu warten!"
„Komm, Maurizio, reg dich nicht so auf. Erzähl mir lieber weiter, wie es Michelangelo auf der Flucht erging. Das scheint ja ganz schön spannend zu werden!" – „Aber nur, wenn du mir ein Glas Wein ausgibst. Da, laß uns in die Wirtschaft drüben gehen!" stimmte ich zu.

*„Presto, presto* – schnell, schnell!" Immer wieder treiben Michelangelo und seine Freunde, ebenfalls Künstler, ihre Pferde an. Es wird bald dunkel. Und in diesen unsicheren Zeiten werden bei Anbruch der Dunkelheit die Stadttore geschlossen. Sie fühlen sich gejagt wie die Wilden. Ob

man sie verfolgt? Sie wissen es nicht, aber es könnte ja sein. Nun sehen sie seit einer halben Stunde die Mauern und die Türme der Stadt Bologna vor sich. „*La grassa* – die Fette – nennt man Bologna", keucht Michelangelo. „Weil die Bologneser dafür berühmt sind, daß sie das gute Essen lieben. Hoffentlich haben sie ein bißchen Essen für uns übrig!" Und wie eine Zustimmung ist das Magenknurren der drei Freunde zu hören. Seit gestern abend haben sie nichts mehr gegessen.

Schon von weitem sehen sie eine riesige Schlange von Menschen und Pferdefuhrwerken vor dem Stadttor stehen. Es ist so wie bei jeder italienischen Stadt. Da gibt es eine Schutzmauer rund um die ganze Stadt mit einigen Stadttoren. Und vor jedem Tor steht ein Zollhaus. Dort müssen die Fremden sich ausweisen und auch eventuell Zoll bezahlen für die Waren, die sie in die Stadt bringen. Das kommt schon allein daher, daß jede Stadt in Italien eine eigene Republik ist oder ein Fürstentum. Und der Herrscher tut meistens alles, um möglichst viel Geld einzunehmen. Dazu will er durch das Zollhaus verhindern, daß unkontrolliert Fremde in die Stadt eindringen, die vielleicht seine Herrschaft gefährden.

Wieder knurrt der Magen der drei Freunde laut und vernehmlich. „Was, jetzt sollen wir noch am Zollhaus anhalten?" ruft Michelangelo seinen Freunden zu. „Dann bekommen wir ja die nächsten Stunden immer noch nichts zu essen. Und im übrigen haben wir ja keine Waren zum Verzollen!" Sie jagen im Galopp am Zollhaus vorbei durch das Stadttor in die Stadt hinein. „Da, ein Schild!" Sie halten vor dem Gasthaus, binden die Pferde an die Ringe in der Wand und gehen hinein.

Gerade wollen sie an einem freien Tisch Platz nehmen. Da kommen zwei bewaffnete Männer auf sie zu. „Ihr seid Fremde?" – „Ja, aus Florenz! Und wir haben Hunger und sind müde." – „Zeigt euer Siegel!" – „Was für ein Siegel?" – „Zeigt eure Daumen!" Michelangelo und seine Freunde begreifen zwar nicht, was das soll, aber gehorsam halten sie ihre Daumen hoch. „Hab ich's nicht gesagt!" meint der eine Polizist zum anderen. „Sie haben kein Siegel!" – „Was für Siegel? Zum Teufel noch mal!" fährt Michelangelo auf. Da spürt er die schwere Hand des Polizisten auf seiner Schulter. „Nun mal ganz ruhig, Fremder! Jeder Fremde, der Bologna betritt, muß sich am Zollhaus ausweisen. Und dort macht man ihm mit rotem Lack ein Siegel auf den Daumennagel. Ihr habt kein Siegel. Ihr seid also ohne Erlaubnis in unserer Stadt. Also: kommt mit!" befiehlt der Polizist.

Die beiden Polizisten geleiten Michelangelo und seine Freunde zum Justizpalast. Dort werden sie verurteilt, pro Person fünfzig Golddukaten Strafe zu zahlen.

„Aber, wir sind doch Künstler. Wir haben kein Geld!" protestieren die Freunde.

„Dann müßt ihr eben im Gefängnis schlafen!"

Und ehe sie sich versehen, sind sie in einer Gefängniszelle eingesperrt. Über dem Schreck haben sie ihren Hunger fast vergessen. Erst als ihr Magen wieder laut zu knurren beginnt, werden sie schmerzlich daran erinnert, daß sie nun seit über zwanzig Stunden nichts gegessen haben.

Da entsteht großer Lärm vor ihrer Gefängniszelle. Die Tür wird aufgerissen, und ein vornehm gekleideter Mann betritt die Zelle. Er schaut sich die drei Florentiner genau an. Und dann leuchten seine Augen auf. *„Ecco, un miraco-*

*lo!*" ruft er. „Das ist ja ein Wunder!" Er geht auf Michelangelo zu und umarmt ihn. Irgendwo und irgendwann hat Michelangelo diesen Mann schon einmal gesehen! Wo war das nur?
„Ich bin Gianfrancesco Aldovrandi", stellt sich der Edelmann vor. „Michelangelo, erkennst du mich nicht? Ich war doch vor drei Jahren noch im Palast der Medici in Florenz. Da haben wir zusammen am Tisch von *Il Magnifico* gegessen. Nach dem Essen hast du mir deine ersten Kunstwerke gezeigt: die Madonna auf der Treppe und die Schlacht der Kentauren. Erkennst du mich nicht?" Er wendet sich an die Gefängniswärter: „Laßt die Männer frei. Sie sind meine Gäste!"
Ohne einen Einwand lösen die Polizisten die Fesseln. Und Aldovrandi geleitet Michelangelo und dessen beide Freunde in seinen Palast.
Als die drei nach einer Stunde von der reich gedeckten Tafel aufstehen, meint Michelangelo: „*Si, la grassa* – ja, die Fette – diesen Namen trägt Bologna zu Recht!"
Aldovrandi bittet Michelangelo, sein Gast zu bleiben. „Es gibt viel zu tun in Bologna für einen jungen und begabten Bildhauer!" erklärt er. „Du wirst dein gutes Auskommen haben."
Michelangelo entschließt sich zu bleiben. Seine Freunde wollen zurückkehren nach Florenz. Sie sind wohl immer noch voller Schrecken über die polizeiliche Begrüßung in Bologna. Aldovrandi gibt ihnen Geld für die Heimreise und – als Mitglied der Stadtregierung – einen Paß für das Stadttor.
Gleich am nächsten Morgen führt Aldovrandi seinen Gast in die Kirche San Domenico. Dort gehen sie in eine Seiten-

kapelle, und der Ratsherr zeigt Michelangelo das Grab des heiligen Dominikus.

„Wunderbar!" staunt der Neunzehnjährige. „Wer hat das gemacht?" – „Ja, wunderbar!" stimmt Aldovrandi zu, „aber nicht fertig. Pisano hat vor zweihundert Jahren den Marmorsarg geschaffen und dell'Arca hat das Grabmal mit den kleinen Marmorstatuen verziert. Bis auf drei Figuren ist das Grabmal vollendet. Und dell'Arca ist letzte Woche gestorben. Hast du nicht Lust, Michelangelo, das Grabmal zu vollenden? Du bist der einzige, dem ich das zutraue!"

Schon allein aus Dankbarkeit für die Rettung aus dem Gefängnis geht Michelangelo unverzüglich an die Arbeit. Aber hinzukommt: Er ist nun auch schon zu lange ohne Stein gewesen. Er hat so etwas wie Hunger nach dem Stein.

Zwei Statuen sind bald geschaffen: Den heiligen Petronius hatte dell'Arca bereits begonnen. Es ist der Patron der Stadt Bologna. Ein Bischof, der ein Modell der Stadt in seinem Arm trägt. Der Engel mit dem Leuchter muß einem anderen Engel gleichen, den dell'Arca bereits gemacht hatte. Da ist nicht viel Möglichkeit für eigene Ideen des jungen Künstlers.

Aber die dritte Statue: der heilige Proculus. Ein Dominikanerpater erzählt ihm die Legende von diesem Heiligen: ein junger Mann, der alles daransetzte, seine Stadt von einem Tyrannen zu befreien.

Hier sieht Michelangelo den jungen David vor sich, der sich auf den Kampf mit Goliat vorbereitet. Und er sieht sich selbst. Auch er ist ja aus seiner Vaterstadt vor einem fremden Herrscher geflohen.

Als nach fast einem Jahr der Procolus vollendet ist, gibt es bei den Bolognesern fast ein Erschrecken. Diese Statue hat nichts mehr zu tun, gleicht in nichts mehr den anderen Figuren des Grabmals. Ein zorniger, junger Mann tritt den Betrachtern entgegen. „Das soll ein Heiliger sein?" kritisieren die einen. „Es gibt auch heiligen Zorn!" erkennen die anderen. „Ein Heiliger darf das Böse nicht hinnehmen, er muß auch für das Gute kämpfen!" erklärt Michelangelo.

„Das bist doch du selbst, Michelangelo?" Aldovrandi nimmt seinen jungen Gast an die Seite. „Ja, ja!" stottert Michelangelo verlegen, „aber es ist auch David!"

## 10 Das Geheimnis von Sankt Peter
*(Pietà in Rom 1495-1501)*

„Mensch, Maurizio", mein Bruder Francesco schlug mir voller Begeisterung auf die Schulter, „dann müssen wir ja so schnell wie möglich mal nach Bologna und uns den Proculus anschauen! Dann können wir vielleicht auch unseren David hier in Florenz besser verstehen..." Aber daraus wurde zunächst nichts. Mein Bruder mußte sich vorläufig damit begnügen, was ich ihm über Michelangelo erzählte.

„So, meine Arbeit hier in Bologna ist nun vollendet", verabschiedet sich Michelangelo von seinem Gastgeber Aldovrandi. „Ich will nun zurückkehren nach Florenz." Doch auch in Florenz hält es ihn nicht lange. Nachdem die Familie der Medici vertrieben worden war, ist das Leben in

Florenz grau und düster geworden. Für die Kunst besteht zur Zeit überhaupt kein Interesse. Was soll Michelangelo dann dort? Sein Leben ist die Kunst. Also geht er nach Rom. Und er hat die Hoffnung, daß er dort, wo der Papst regiert, ein paar Bildhaueraufträge bekommen wird.
Im Juni 1496 reitet Michelangelo mit einem Freund durch die Porta del Popolo in Rom ein. Rom ist in einem fürchterlichen Zustand. Die Hauptstadt des römischen Weltreiches hatte zur Zeit des Kaisers Augustus nahezu zwei Millionen Einwohner. Gebäude aus weißem Marmor, goldene Statuen an den Straßen und Plätzen hatten Rom zur schönsten Stadt der Welt gemacht. Viele Wasserleitungen, die frisches Wasser aus den Albaner Bergen und sogar aus den Sabiner Bergen heranbrachten, versorgten Tausende von Brunnen und öffentliche Badeanlagen.
Jetzt, wo Michelangelo zum erstenmal Rom betritt, ist von all dieser Pracht nichts mehr zu sehen. Die Paläste sind zerfallen, die Wasserleitungen zerstört. Noch etwa dreißigtausend Menschen wohnen in Rom; tagtäglich von Räuberbanden und fremden Söldnern belästigt und gequält.
Alexander VI. regiert in Rom: ein Papst, den die Menschen fürchten und hassen; ein Papst, der sicher die dunkelste Gestalt in der Geschichte der Kirche darstellt; ein Papst, der mit seinem Amt und seiner Aufgabe als Stellvertreter Christi nichts im Sinn hat. Dafür aber liebt er um so mehr sein Vergnügen und seine Macht.
Damit hat Michelangelo nicht gerechnet, als er nach Rom kommt. Er ist maßlos von der Ewigen Stadt enttäuscht. Auch davon, daß er an seine geliebte Arbeit am Stein überhaupt nicht denken kann. Fast drei Jahre vergehen. Nur hier und da kann er eine kleine Arbeit tun.

Endlich – am Schluß des Jahres 1497 – bekommt er einen Auftrag. Er soll für die Kapelle der französischen Könige in Sankt Peter – es ist noch die alte Peterskirche, die auf Kaiser Konstantin zurückgeht – eine Pietà schaffen. Mit dem Gesandten des französischen Königs, Kardinal di San Dionisio, schließt er einen Vertrag. Hierin heißt es: Er, Michelangelo, verpflichtet sich, das schönste Kunstwerk zu schaffen, das Rom jemals gesehen hat, und das beste, das ein Bildhauer schaffen kann. „Pietà": das ist ein italienisches Wort und heißt übersetzt „Mitleid" oder „Barmherzigkeit". In der religiösen Kunst ist die Pietà eine Darstellung der Muttergottes, der man am Abend des Karfreitags ihren toten Sohn Jesus Christus in den Schoß gelegt hat.

Natürlich gibt es schon viele solcher „Pietà"-Darstellungen in Deutschland, in Frankreich und in Italien. Zumindest die italienischen kennt Michelangelo, wo gerade in jüngster Zeit eine ganze Reihe von Gemälden mit der Darstellung der Pietà entstanden sind. Sie alle strahlen eine große Traurigkeit aus. Sie wollen Mitleid erregen am Leid der Muttergottes um ihren Sohn.

Michelangelo beginnt zu zeichnen. Im jüdischen Viertel von Rom sucht er sich die Modelle: junge Frauen und junge Männer. Und nun zeigt sich, was er bei Ghirlandajo und bei Bertoldo gelernt hat. Nun zahlt sich aus, daß er so eifrige Studien des menschlichen Körpers betrieben hat. Er kennt jeden Knochen, jede Sehne, jeden Muskel. Die Zeichnungen werden deutlicher. Dann das kleine Modell: zuerst das Skelett, dann die Muskeln und das Fleisch. Schließlich taucht er ein Stück Tuch in Ton, den er mit Wasser dünnflüssig gemacht hat. Hieraus formt er der

Muttergottes das Gewand mit seinen unzähligen Falten und Rüschen. Schon jetzt ist zu erkennen: Diese Pietà hat mit den üblichen Darstellungen nichts mehr zu tun. Ja, die Mutter lebt, und der Sohn ist tot. Ja, da ist Leid, aber keine Verzweiflung. Die Mutter ist mächtig und stark, der Sohn klein und hilflos. Fast scheint es, als trage die Mutter mit ihrem toten Sohn gleichzeitig das Kind Jesus in ihrem Schoß. Fast scheint es, als wisse die Mutter schon um die Auferstehung des Sohnes.
Michelangelo geht nach Carrara, wo es die größten Marmorsteinbrüche gibt. Er selbst sucht sich den Steinblock aus für seine Pietà. Er weicht nicht von der Stelle, bis der Block aus der Wand gebrochen ist. Er befühlt ihn, betastet ihn. Er durchdringt ihn mit seinen Augen, wenn die Sonne ihn durchleuchtet. Er beobachtet den Stein, wenn er von Regen durchtränkt ist. Kein Fehler ist zu entdecken, kein Riß, keine falsche Ader, keine Verwachsung. Das einzige, was Michelangelo entdeckt, ist seine Pietà. Sie ist in dem Marmorblock eingeschlossen. Sie wartet auf die Hand des Künstlers, die sie zum Leben befreit.
Dann beginnt die Arbeit in Rom. Wie schon so oft hat in Michelangelo nun nichts mehr Platz außer diese Statue. Monatelang nichts anderes! Wieder sprüht der weiße Marmorschnee, wenn das Eisen in den Stein dringt. Unaufhaltsam ersteht die Pietà unter Michelangelos Händen zum Leben.
Um das Jahr 1500 ist die Arbeit vollendet.
Inzwischen ist der französische Kardinal – der Auftraggeber – gestorben. Papst Alexander VI. regiert noch im Vatikan, und er hat anderes im Sinn als eine Statue der Muttergottes mit ihrem gestorbenen Sohn.

„Wie bekommen wir die Pietà in den Petersdom?"
Das ist die Frage, die Michelangelo immer wieder mit seinen Freunden bespricht. „An den Papst können wir uns nicht wenden. Der ist nicht gut auf Florentiner zu sprechen. Denn: was ist, wenn er ablehnt?"
Ohne jemanden zu fragen, wird der Transport der riesigen Statue organisiert. Freunde von Michelangelo – Steinmetzen vom Tiberufer – packen zuerst die Statue in weiche Wolldecken. Dann die Seile. Mit großer Mühe wuchten sie den Koloß auf den Bauernwagen. Zwei Ochsen ziehen den Wagen bis vor die Stufen des Petersdomes. Mit Rollen und Bohlen wird die Marmorstatue vorsichtig die Stufen hinaufbewegt bis in die Kirche hinein. Die Männer möchten vor Anstrengung fluchen. Aber an solch einem heiligen Ort wagen sie es nicht. Der Schweiß rinnt in Strömen. Endlich ist es geschafft: Die Pietà steht auf ihrem Postament. Der flackernde Kerzenschein läßt die Züge von Mutter und Sohn lebendig werden. Die Arbeiter fallen auf die Knie. Voll Ehrfurcht und auch dankbar, daß sie es ohne Schaden geschafft haben, stimmen sie mit rauhen Stimmen das „Salve regina" an: „Gegrüßet seist du, Königin..."
Jeden Tag besucht Michelangelo seine Pietà. Er beobachtet das Staunen der Menschen, das fromme Beten vor diesem Bild. Er hört auch, wie die Menschen sich zuflüstern: „Dieses wunderbare Bild der Muttergottes! Diese herrliche Darstellung des Gekreuzigten! Wer hat so etwas schon jemals gesehen! Das muß ein großer Künstler sein, der dies geschaffen hat!"
Ein paar Tage später hört er, wie ein Vater seinem Sohn erklärt: „Da, das ist die gleiche Arbeit, wie sie der buckli-

ge Steinmetz aus unserem Dorf macht." Da holt er seine Eisen und den Schlegel aus der Werkstatt.
Am Abend versteckt er sich hinter einer der dicken Säulen. Dann, im Schutz der Dunkelheit, nur von ein paar Kerzen beleuchtet, meißelt er in das Band, das quer über die Brust der Muttergottes führt: „MICHAEL ANGELUS BONAROTUS FLORENT. FACIEBAT – Michelangelo Buonarroti aus Florenz hat dies gemacht." Sein Ruhm hat begonnen.

## 11 Ein versunkener Block
*(Der David in Florenz 1501–1505)*

Die Pietà ist vollendet. Der 25jährige Michelangelo hat seinen Vertrag erfüllt: Er hat das „schönste Kunstwerk geschaffen, das Rom jemals gesehen hat". Ganz Rom spricht von dem jungen Bildhauer aus Florenz. Eigentlich müßten jetzt neue Aufträge nur so vom Himmel fallen. Aber nichts, rein gar nichts! Das mag auch mit der Situation in Rom zusammenhängen: Papst Alexander VI. hat nichts anderes im Sinn, als seine Familie und die Kriegszüge seines Sohnes Cesare Borgia zu finanzieren. Der Kirchenstaat soll vergrößert und Familie wie Freunde sollen gut im Vatikanpalast unterhalten werden. Da ist für die Kunst kein Pfennig mehr übrig.
Michelangelo geht nach Florenz zurück. Auch dort ist alles verändert. Die Familie Medici hat alle Macht verloren. Man hat sogar alle Familienmitglieder aus der Stadt verbannt. Eine Republik ist ausgerufen. Gerade hat die Signoria, die Ratsversammlung der Stadt, Pier Soderini zum

Gonfaloniere auf Lebenszeit gewählt. Gonfaloniere heißt eigentlich „Bannerträger", in Wirklichkeit aber ist Soderini so eine Art Bürgermeister. Kaum ist Michelangelo in seiner Vaterstadt angekommen, da ruft ihn Soderini auch schon in den Palazzo Vecchio, den Sitz der Signoria und der Verwaltung von Florenz. „Du, Michelangelo", spricht Soderini väterlich mit dem Heimkehrer, „seit Menschengedenken gibt es diesen riesigen Marmorblock hinter dem Dom. Wer hat sich nicht schon alles an diesem Stein versucht!" – „Ja, und er soll schon ganz verdorben sein von den vielen Versuchen!" fällt ihm Michelangelo ins Wort. „Willst du ihn dir nicht trotzdem mal ansehen...?" fährt Soderini fort. „Wenigstens mal ansehen!" – „Und wozu?" – „Die Zunft der Wollweber will den Auftrag vergeben. Einen David wollen sie haben, eine gewaltige Statue des David, der den Riesen Goliat besiegte."

Michelangelo geht aus dem Palast über die Piazza Signoria. Dann die Via dei Calzainoli hinunter, die Straße der Schuhmacher. Bald darauf steht er vor dem gewaltigen Dom Santa Maria del Fiore – heilige Maria der Blume. (Auch der Name „Florenz" – italienisch „Firenze" – leitet sich ab von „il fiore" – die Blume.)

Er kennt die Stelle genau, an der der Marmorblock begraben liegt. Schon als Kind ist Michelangelo immer wieder hier vorbeigekommen. Er hat miterlebt, wie der herrliche Block immer weiter in der Erde versank, bis schließlich nur noch eine kleine Ecke weißen Marmors aus der Erde hervorschaute.

Wie oft war er an diesem versunkenen Stein stehengeblieben! Wie oft hat seine Hand den Marmor liebevoll berührt! Jetzt endlich gehört er ihm!

Ohne auch nur eine Minute zu verschwenden, beginnt Michelangelo mit dem Ausgraben. Immer mehr zeigt sich der Marmorblock im Tageslicht. „Seht nur, welch herrlicher Stein!" ruft er den Arbeitern der Dombauhütte zu, die staunend diesem Schauspiel zuschauen. „Herrlich, ja!" meint Mario, der Vorarbeiter. „Aber wie viele große Künstler haben sich schon an ihm versucht! Und keiner hat ihn bisher bezwungen! Und du willst das schaffen?" schüttelt er ungläubig den Kopf.

Auf dem Platz der Dombauhütte, direkt neben dem Dom, wird Michelangelo von der Signoria eine Stelle zugewiesen. Mario errichtet dort mit seinen Arbeitern eine Hütte an der Mauer. Die Mauer wird erhöht, damit Michelangelo bei der Arbeit vor den Blicken der neugierigen Florentiner geschützt ist. Der Block wird dorthin transportiert und aufgestellt. Granacci, der alte Freund Michelangelos aus der Malerwerkstatt Ghirlandajos und der Bildhauerschule Bertoldos, baut ihm um den Stein herum ein Gerüst. Der Bildhauer kann sich darauf zu jeder Zeit an jede Stelle des Marmorblocks bewegen. Den Stein mit dem Gerüst stellen sie auf eine drehbare Plattform. So kann Michelangelo seinen Stein drehen, je nachdem, wie die Sonne scheint.

„He, Michelangelo!" ruft Gonfaloniere Soderini laut, als er den Platz der Dombauhütte betritt. „Wo steckst du?" Der Platz ist über und über mit weißem Marmorstaub bedeckt wie mit Schnee. Und hinten in der Ecke an der hohen Mauer, da scheint ein Schneesturm zu wüten. *„Come va,* Michelangelo – wie geht es?" fragt er freundlich, als er den Bildhauer endlich mitten im Zentrum des „Schneesturms" entdeckt. *„Va bene, molto bene* – es geht gut, sehr

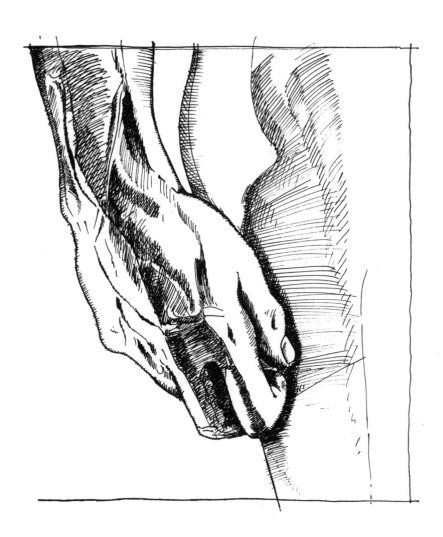

*David, Detail:*
Die rechte Hand scheint schlaff herabzuhängen. Aber die Sehnen und Muskeln bilden nahezu ein Relief: So sehr ist alles angespannt.

*David, Detail:*
Die Augen schätzen das Ziel ab: den Herausforderer Goliat. Die Stirn ist gerunzelt, die Augenbrauen sind zusammengezogen. Der Gesichtsausdruck ist angespannt und gleichzeitig drohend. Man kann David die Entschlossenheit ansehen, gleich den Kampf zu beginnen.

gut!" antwortet Michelangelo freudestrahlend. Aber dann ist für ihn auch schon das Gespräch beendet. Stein! Endlich wieder Stein. Michelangelo ist so glücklich, so begeistert von seiner Arbeit, daß er sich durch niemanden – und sei es der Gonfaloniere der Stadt Florenz – aufhalten läßt. Bald ist auch Soderini vom weißen Marmorschnee eingehüllt. Was er da entstehen sieht, übertrifft all seine Erwartungen. Ein Gigant von über vier Metern Höhe! Die Gestalt eines jungen Mannes wird durch die Schläge des Bildhauers vor seinen Augen zum Leben erweckt. Von den Fehlern all der Meister, die sich vor Michelangelo an dem Marmorblock versucht haben, ist schon nichts mehr zu sehen. Die Verwachsung in der linken Seite des Steins, die die Bildhauer vor Michelangelo an der Weiterarbeit gehindert hatten, ist entfernt. Ihn hat sie nicht behindert. Im Gegenteil: Er nutzt die Mängel des Blocks meisterhaft für die Lebendigkeit der Gestalt. Wie ein Bogen ist der Körper gespannt. Fast läßt sich das Losschnellen in den Kampf ahnen. Die Augen schätzen das Ziel ab: den Herausforderer Goliat. Die Stirn ist gerunzelt, die Augenbrauen sind zusammengezogen. Der Gesichtsausdruck ist angespannt und gleichzeitig drohend. Man kann ihm die Entschlossenheit ansehen, gleich den Kampf zu beginnen. Die rechte Hand scheint schlaff herabzuhängen. Aber die Sehnen und Muskeln bilden nahezu ein Relief: So sehr ist alles angespannt. Die linke Hand greift über die Schulter zur Schleuder. Der Stein liegt bereit.
Das ist nicht der David, wie man ihn bisher kannte. Alle Statuen, alle Bildwerke zeigen den jungen David nach dem Kampf. Unter sich den Kopf des Goliat. In der Geste des Siegers.

Hier ist alles anders. Dieser David steht im letzten Augenblick vor dem Kampf. Wer ihn lange genug ansieht, erwartet, daß er jeden Augenblick den Stein schleudert. Dieser David ist der junge Israelit aus einer einfachen Hirtenfamilie. Er ist auserwählt, sein Volk zu retten. Michelangelo hat seinen David entdeckt, als er lange Nächte die Heilige Schrift studierte. Und er hat sich selbst entdeckt in David. All dies drückt die gigantische Marmorgestalt aus: das Wissen des David um seine eigene Kraft und seine Grenzen. Gleichzeitig sein Vertrauen in die Macht und die Hilfe Gottes, ohne die er nichts vermag.
Ja, dieser David ist nackt: Er besitzt eben nichts außer seinem Körper, den er von Gott geschenkt bekam, außer seiner einfachen Steinschleuder und außer der Hilfe Gottes. Und das genügt! Michelangelo hatte diese Selbsteinschätzung des David entdeckt, als er in den Psalmen las, den jahrtausendealten Gebeten, die David seinem Volk Israel schenkte: „Beständig habe ich den Herrn vor Augen. Ist er zu meiner Rechten, so wanke ich nicht!" (Ps 15, 8). Und: Michelangelo hatte im Buch der Könige gelesen, wie David Rüstung und Schwert ablegte, um eben das Handeln Gottes durch ihn um so deutlicher erkennbar zu machen. So soll sein David sein, und so wird er in höchster Vollendung.
Etwas mehr als zwei Jahre arbeitet Michelangelo nun an seinem David. Jetzt noch der letzte Schliff. Die Künstler und Sachverständigen aus ganz Florenz sind von der Signoria zur Besichtigung geladen. Darunter die bedeutendsten Maler, Bildhauer und Goldschmiede: della Robbia, Filippo Lippi, Botticelli, Sangallo, Pietro Perugino und nicht zuletzt der weltberühmte Leonardo da Vinci.

Es fällt kein Wort. Erschrocken und staunend stehen die Meister vor dem Meisterwerk des jungen Michelangelo. Konkurrenz und Neid stehen zurück vor der einhelligen Bewunderung.

Doch! Einen Streitpunkt gibt es: Wo soll der David aufgestellt werden? Alle sind bemüht, den besten Platz zu finden. Doch wo? Einer schlägt vor: „Unter der Loggia auf der Piazza Signoria sollten wir den David aufstellen! Dort ist er geschützt." Ein anderer meint: „Nein, der beste Platz ist am Treppenabsatz zum Palazzo Vecchio. Dort sehen ihn alle Mitglieder der Signoria – des großen Rates. Und vielleicht ist der David manchem eine Mahnung!"
Noch viele Vorschläge gibt es. Aber schließlich einigt man sich auf den zweiten. Als auch Michelangelo zustimmt, ist die Sache perfekt.

Zwei Baumeister und zwei Zimmerleute erhalten den Auftrag, den David unbeschädigt dorthin zu transportieren.

Im Mai 1504 ist es endlich soweit. Zuerst wird die Mauer über dem Tor der Dombauhütte abgebrochen, damit der Gigant hindurchpaßt. Vierzig Männer bewegen den David Zentimeter für Zentimeter voran. Vierzehn Rundhölzer mußte man unterlegen. Auf ihnen rollt die über vier Meter hohe und überaus schwere Statue langsam vorwärts. Wenn hinten ein Rundholz frei wird, tragen es rasch zwei Männer nach vorn und legen es vor die anderen Hölzer. Endlich am vierten Tag, mittags um zwölf Uhr, kommt der David auf der Piazza an. Er war zum Stadtgespräch geworden. Immer wurde er von einigen hundert Florentinern begleitet. Jetzt auf dem Platz sind es Tausende, die ihren neuen David mit Jubel begrüßen: *„Bravo! Viva il*

*maestro Michelangelo* – es lebe der Meister Michelangelo! *Viva il nostro Davide* – hoch lebe unser David!"
Noch über zwanzig Tage brauchen die Fachleute, um den David auf sein marmornes Podest zu stellen. Dann beginnt Michelangelo, die letzten Ausbesserungen zu machen. Am siebten Tag – als alle schon ungeduldig werden – kommt der Gonfaloniere erstmals auf den Platz. Eine Weile schaut er dem Meister zu. Er steht direkt unter der Statue und ruft zu Michelangelo hinauf: „Mir scheint, Michelangelo, als sei die Nase etwas zu groß!" Der Bildhauer weiß natürlich, daß dies eine Täuschung ist. Wenn man direkt unter der Figur steht, dann scheint die Nase größer, als sie ist. „Nun", denkt er sich, „wollen wir mal sehen! Täuschung gegen Täuschung: Das hebt sich auf!"
Michelangelo nimmt unbemerkt eine Hand voll Marmorstaub vom Boden auf, steigt auf der Leiter bis zum Kopf der David-Statue und beginnt eifrig so zu tun, als würde er meißeln. Zwischendurch läßt er immer wieder ein wenig Marmorstaub auf das Stadtoberhaupt herunterfallen. „Ist es jetzt besser, Gonfaloniere?" ruft Michelangelo von der Leiter herab. „Wie gefällt Euch der David jetzt?" – *„Bravissimo!"* Der Gonfaloniere klatscht begeistert in die Hände. „Jetzt ist das Meisterwerk vollendet, Michelangelo!"

## 12 Zwei Kaufleute aus Brügge
*(Die Brügger Madonna 1501-1505)*

„Stimmt es eigentlich, daß die Florentiner den David schwer beschädigten?" fragte mich mein Bruder Francesco, als wir auf einem der Spaziergänge durch unsere Stadt bestimmt zum tausendsten Mal am David vorbeikamen. Jedesmal mußten wir stehenbleiben. So groß war unsere Bewunderung für diesen Giganten auch noch so viele Jahre nach seiner Aufstellung. „Ja, das stimmt", antwortete ich. „Im Jahre 1527 gab es wieder einmal einen Aufstand gegen die Familie Medici. Dabei kam es zu Kämpfen auf der Piazza Signoria. Ein Stein traf ohne Absicht den linken Arm des David. Und der brach daraufhin ab. Aber wie du siehst, mein lieber Bruder, alles ist wieder gut repariert. Man kann kaum noch etwas sehen!" – „Ja, und sag mir, Maurizio, hat Michelangelo in den fünf Jahren nur an dem David gearbeitet?" – „Was heißt nur?" fragte ich zurück. „Wir beide zusammen würden solch eine Statue nicht in tausend Jahren zustande bringen. Überhaupt kein anderer Mensch könnte das! Aber, damit du beruhigt bist: In den fünf Jahren hat Michelangelo gearbeitet wie ein Wilder. Nachdem er als der Bildhauer der Pietà in Rom bekannt geworden war, konnte er sich in Florenz vor Aufträgen kaum noch retten. Einige Statuen für den Dom von Siena, ein Bronze-David für einen französischen Marschall, eine Matthäus-Statue aus Marmor für den Dom von Florenz, ein rundes Marmorrelief für die Familie Taddei, noch eine Madonna als rundes Relief für die Familie Pitti, zwischendurch ein rundes Ölgemälde mit der Heiligen Familie als Hochzeitsgeschenk für die Braut des Signore Doni, dann der Entwurf für ein riesiges Fresko im Ratssaal des Palazzo Vecchio und schließlich die Brügger Madonna."

„Brügger Madonna?" fragte mich mein Bruder. „Wieso eine Brügger Madonna? Brügge, das liegt doch in Flandern!"

„Na ja, wenigstens in Geografie bist du ja ganz gut", antwortete ich ihm. „Das war so: Zwei Brüder, Kaufleute aus Brügge in Flandern, die aber geschäftlich viel in Rom und Florenz zu tun hatten, sprachen eines Tages – im Jahre 1501 – bei Michelangelo vor."

„Meister Michelangelo", sagt der eine der beiden Kaufleute. „Entschuldigt, daß wir Euch bei der Arbeit stören."
Michelangelo läßt sich nicht stören. Er ist gerade mit den ersten Entwürfen für den David beschäftigt. „Wir haben die großartige Pietà im Petersdom in Rom gesehen", sagt der andere Bruder. „Ganz Rom spricht von Euch." – „So, tut es das?" fragt Michelangelo spöttisch, ohne von seinen Zeichnungen aufzusehen. „Ich hab' davon aber nicht viel gemerkt! Kein einziger Auftrag in all den Jahren. Pah! Rom!"
„Aber deswegen sind wir doch hier, Meister! Wir möchten auch so eine Pietà für unseren Dom in Brügge. So eine wunderschöne Statue wie die in Rom!" – „So, wunderschön also? Wie im Petersdom in Rom? Eine Pietà also?" fragt Michelangelo zurück, und bei jeder Frage zeichnet er mit der Feder einen dicken schwarzen Strich auf das Papier. „Zum Teufel! So eine Statue gibt es nicht noch einmal! Gibt es zwei Menschen, die sich gleichen? Es gibt auch keine zwei Statuen, die sich gleichen – höchstens Ko-

pien. Da kann ich euch jemanden empfehlen, der kann wunderschöne Kopien machen!"
„Wir wollen aber keine wunderschönen Kopien, Meister", wirft einer der beiden Kaufleute ein. „Wir wollen ein Meisterwerk von Euch für unseren Dom! Egal, was es ist!" – „Egal, was es ist?" – „Ja, egal. Nur vielleicht: eine Muttergottes sollte es schon sein!" – „Also gut, eine Muttergottes soll es sein!" – „Und mit einem Jesus, wenn das geht, Meister!" – „Also, eine Muttergottes mit Jesus, wenn es geht!" Michelangelo steht auf. „Gut, abgemacht: Eine Muttergottes mit Jesus für den Dom in Brügge." Mit Handschlag wird der Vertrag besiegelt.

Vier Jahre später. Die beiden flämischen Kaufleute sind wieder in Florenz. Sie suchen Michelangelo, um sich nach ihrer Madonna zu erkundigen. In der Werkstatt finden sie ihn nicht. Ein Nachbar schickt sie zur Dombauhütte, direkt neben dem Dom. „Vielleicht ist der Meister dort", erklärt der Nachbar. Aber an der Dombauhütte ist Michelangelo auch nicht. Der Verschlag, in dem er die letzten Jahre am David gearbeitet hat, ist längst abgebrochen. Dann treffen sie ihn auf der Piazza Signoria. Michelangelo steht inmitten einer Menschenansammlung und erklärt – zum wievielten Mal? – seinen David.

„*Buon giorno, maestro Michelangelo* – Guten Morgen!" Die beiden Brüder gehen auf Michelangelo zu. „Endlich sehen wir den David, von dem die ganze Welt spricht!" Michelangelo dreht sich um. Erst beim zweiten Hinschauen erkennt er die Kaufleute aus Brügge, die vor vier Jahren bei ihm eine Madonna bestellt haben.

„*Andiamo* – gehen wir!" fordert er die beiden Flamen auf. Schweigend geht er vor ihnen her zu seiner Werkstatt. Er öffnet die Tür, und vor sich sehen sie eine lebensgroße Madonna mit einem Kind an ihrem linken Knie. „Aber die Pietà!" ruft einer der Kaufleute aus Brügge. „Die Pietà steht in Rom!" antwortet Michelangelo. „Eine Kopie gibt es nicht, habe ich gesagt. Und das ist sie: Eure Muttergottes mit Jesus. Wie vereinbart! Gefällt sie euch nicht? Dann sagt es!"

„Nein, nein, nur sie ist so ganz anders", erwidert der Kaufmann. „Ja, natürlich", bestätigt Michelangelo, „jedes ist anders. Es gibt nie dasselbe!"

„Sie sitzt da so steif, so hoheitsvoll – wie eine Königin", beschreibt der Kaufmann die Muttergottes. „Und ihr Blick ist so weit weg, als wenn sie träumt, als wenn sie in die Zukunft schaut." – „Ja", stimmt Michelangelo ihm zu, „sie schaut in die Zukunft. Sie weiß, was geschieht." – „Und das Kind. Das Kind ist ganz das Gegenteil", meint der andere Kaufmann. „Sieh nur seine rechte Hand: Gleich nimmt es sie aus der Hand der Mutter." Er zieht seinen Bruder zu der Statue. „Und da, der rechte Fuß: Er rutscht schon von der Stufe herab. Gleich läuft der kleine Jesus von der Mutter weg! Ist das so gemeint, Meister?"

„Ja, genau das ist gemeint!" – „Die Mutter weiß darum, daß ihr Sohn weggehen wird? Sie weiß auch um sein weiteres Leben: um sein Leiden und seinen Tod am Kreuz?"

„Ja, sie weiß. Sie weiß das alles!"

„Dann ist es ja dasselbe wie dein erstes Marmorbild: die Madonna auf der Treppe?" – „Ja, es ist dasselbe: Maria weiß, und sie sagt: Ja." – „Mein Gott!" stöhnt der eine Kaufmann. Und in dem Stöhnen ist Glück zu hören und

Staunen. „Das ist ja dasselbe und doch ganz anders!" – „Wie ich schon sagte", antwortet Michelangelo knapp, „dasselbe und ganz anders."

## 13 Das Grabmal für einen Lebenden
*(In Rom 1505–1506)*

„Und wie ist die Madonna schließlich nach Brügge gekommen, Maurizio?" fragte mich mein Bruder. „Haben die beiden Kaufleute die Statue gleich mitgenommen?" – „Nein, so schnell ging das nicht. Es dauerte noch einmal fast ein Jahr, bis die Marmorfigur endlich in Brügge angekommen war." „Und Michelangelo?" – „Was ist mit Michelangelo?" – „Ja, wie ging es dem? Hatte er immer noch soviel zu tun?" – „Mehr als du dir denken kannst! Obwohl er Tag und Nacht arbeitete: Es war einfach nicht zu schaffen. Dann brach er plötzlich zusammen. Völliger Zusammenbruch. Sein Körper konnte einfach diese übergroße Belastung nicht mehr aushalten. Es war zuviel." – „Und wie ist er wieder gesund geworden? Ist er zur Erholung gefahren? War er in einem Hospital?" – „Da kennst du aber Michelangelo schlecht. Es ist einfach nicht zu glauben: Er hat sich selbst mit Gedichten gesund gemacht!" – „Das verstehe ich nicht." – „Ja, typisch Michelangelo: Er schloß sich in seine Werkstatt ein. War für niemanden mehr zu sprechen. Und er machte Gedichte. Mit Verseschreiben machte er sich gesund." – „Und als er gesund war", hakte mein Bruder nach, „was war dann? Hat er dann wieder am Marmor gearbeitet?" – „Dazu kam es gar nicht. Er bekam Besuch aus Rom."

Michelangelo sitzt in seiner Werkstatt. Vor sich hat er Zeichenblätter liegen, in der Hand eine Feder. Aber es entstehen keine Zeichnungen, keine Entwürfe. Aus seiner Feder fließen sozusagen Verszeilen, die sich zu Gedichten zusammenfügen. Es klopft an der Tür. „Herein!" ruft er, ohne von seinem Tisch aufzusehen. „*Scusi* – Verzeihung, Michelangelo, ist es erlaubt?" Michelangelo dreht sich um. Die Stimme kennt er doch. Es ist Sangallo. Er ist Florentiner wie Michelangelo. Erst vor kurzem ist er nach Rom gegangen. Und dort ist er als Baumeister in die Dienste des Papstes getreten. „Was machst du hier, Sangallo? Ich denke, du bist in Rom!" – „Bin ich auch", antwortet Sangallo. „Hier bin ich nur als Bote. Der Papst schickt mich zu dir, du sollst nach Rom kommen." – „Der Papst... und zu mir? Sechs Jahre war ich in Rom. Und der Papst hatte keinen Auftrag für mich! Ach, was rede ich von einem Auftrag! Nicht einmal eine Minute Zeit hatte er für mich! Und jetzt soll ich hier alles stehen und liegen lassen, hier, wo ich mich vor Aufträgen nicht mehr retten kann, und soll so mir nichts dir nichts nach Rom reisen?" – „Michelangelo, du tust dem Heiligen Vater Unrecht. Weißt du das denn nicht: Alexander VI. ist tot! Jetzt regiert im Vatikan Papst Julius II. Das ist der ehemalige Kardinal Rovere. Weißt du, der hatte doch als Kardinal in seinem Palast die größte Kunstsammlung Roms! Das ist ein Liebhaber der Kunst. Er holt alle berühmten Künstler Europas nach Rom. Und da darfst du nicht fehlen, Michelangelo!"

Das ist natürlich etwas anderes! Michelangelo hatte sich in den letzten Jahren so in seine Arbeit gestürzt, daß er von all dem, was um ihn herum geschah, überhaupt nichts

mitbekommen hatte. Ihm war entgangen, daß Papst Alexander VI. bereits 1503 gestorben war, daß dann nur ein paar Monate ein Papst mit dem Namen Pius III. regierte. Und auch von der Wahl des Kardinals Rovere zum Papst Julius II. hatte er nichts mitbekommen. „Was soll ich dem Papst bestellen?" unterbrach ihn Sangallo in seinen Gedanken. „Bestellen? Nichts sollst du bestellen", antwortet Michelangelo. „Ich komme sofort mit dir nach Rom."
Michelangelo ist noch keine zwei Tage in Rom, da wird er zum Papst gerufen. *„Grazie!"* ruft der Papst. Er steht von seinem Thronsessel auf und geht Michelangelo entgegen. *„Mille grazie* – vielen Dank, daß du sofort gekommen bist. Ich brauche dich dringend." Julius II. erzählt Michelangelo von seiner Idee, sich ein Grabmal bauen zu lassen. „Du sollst mir dieses Grabmal bauen, Michelangelo! Es soll so schön sein, daß die ganze Welt es bewundert. Es soll so groß sein, daß die ganze Welt ins Staunen gerät!"
Sofort geht Michelangelo an die Arbeit. Die Zeichenfeder jagt wieder einmal über das Papier. Tag für Tag. Und nicht einmal ein Monat vergeht, da kann Michelangelo dem Papst die Entwürfe vorlegen. Julius II. springt von seinem Thron auf: *„Bellissimo!"* ruft er aus, „wunderschön!" Er legt seinen Arm um die Schulter des Meisters und geht mit ihm durch den Empfangssaal.
„Das machen wir, Michelangelo!" Er hält einen Entwurf hoch in die Luft. Von allen Entwürfen, die Michelangelo gezeichnet hat, hat der Papst jenen ausgesucht, der das größte und mächtigste Grabmal vorsieht. Ein riesiges Bauwerk in drei Geschossen. Unten, in der Basis, nahezu vierzig lebensgroße Statuen aus weißem Marmor. Sie tragen das zweite Geschoß mit vier überlebensgroßen Figu-

ren, dabei eine Darstellung des Mose. Hierüber wiederum zwei Engel, die das eigentliche Grab tragen. „So etwas hat es noch nicht gegeben!" lobt der Papst den Meister in höchsten Tönen. „Fang sofort an, Geld spielt keine Rolle."

Der Papst dreht sich um. Er ruft die beiden Baumeister Sangallo und Bramante zu sich. „So", befiehlt er, „ihr geht jetzt mit Michelangelo in die Peterskirche. Dort sucht ihr einen würdigen Platz für das neue Grabmal!"

Fast 1200 Jahre steht nun die alte Basilika über dem Grab des heiligen Petrus. Kaiser Konstantin hat sie dort errichten lassen. Nahezu alle Päpste sind in dieser ehrwürdigen Kirche in ihr Amt eingeführt worden. Unzählige Heilige wurden in diesem Gotteshaus den Gläubigen feierlich als Vorbild gezeigt. Kaiser wurden in diesem Dom gesalbt und gekrönt – Weihnachten 800 auch Kaiser Karl der Große. Aber diese altehrwürdige Kirche war baufällig geworden. Schon vor vielen Jahren hatte Papst Nikolaus V. geplant, die alte Peterskirche abreißen und an der gleichen Stelle eine neue bauen zu lassen.

Über drei Stunden durchforschen Michelangelo, Sangallo und Bramante die Basilika. Wo ist hier noch ein Platz zu finden, der das riesige Grabmal aufnehmen könnte? Die Suche ist vergeblich. Die drei kehren in den Papstpalast zurück. „Nun, wo werde ich begraben?" begrüßt sie der Papst. – „Da ist kein Platz in der Kirche für solch ein Grabmal, Heiliger Vater!" – „Kein Platz für mein Grabmal? Dann wird eben Platz geschaffen! Reißt die alte Kirche ab und baut einen neuen Dom. Geld spielt keine Rolle. In einem Monat möchte ich die Entwürfe sehen!" Damit sind die drei entlassen.

Bramante beginnt mit der Arbeit an den Bauplänen. Michelangelo erhält vom Papst den Auftrag, nach Carrara zu gehen. Dort soll er selbst den Marmor für das Grabmal aussuchen und das Brechen des Steins überwachen. Acht Monate verbringt Michelangelo in Carrara. Er sieht seine Marmorgestalten in der Wand. Läßt sie passend brechen und zu Tal bringen. Dann überwacht er den Transport zum Meer. Dort werden die Blöcke auf Schiffe verladen und nach Rom gebracht. Auf dem Petersplatz läßt Michelangelo das Steinlager errichten. Der Papst soll die Blöcke für sein Grabmal jeden Tag sehen. Er soll sich an ihnen freuen. Und so ist es auch. Julius II. läßt sogar eine Zugbrücke anbringen, über die er auf kürzestem Weg vom Palast in die Werkstatt Michelangelos gelangen kann, wann er nur will.

Inzwischen hat Bramante mit dem Abbruch der alten Peterskirche begonnen. Der große Platz war zu einer riesigen Werkstatt geworden. Karawanen von Esels- und Ochsenkarren schaffen Tag und Nacht neues Material heran. Tausende von Arbeitern bevölkern den Platz. Rücksichtslos zerstört Bramante alte Kunstwerke und ehrwürdige Altäre. „Das ist kein Bramante", empören sich die Römer, „das ist ein Ruinante – einer, der alles zerstört!" Michelangelo gelingt es gerade noch, seine Pietà aus der Kapelle der französischen Könige zu retten und in Sicherheit zu bringen.

Als die letzte Ladung Marmorblöcke auf dem Platz abgeladen wird, geht Michelangelo in den Papstpalast. Er braucht Geld, um die Arbeiter zu bezahlen. An der Tür wird er von einem Diener abgewiesen. „Der Heilige Vater hat jetzt keine Zeit. Komm morgen wieder!" Michelangelo

geht am nächsten Tag zum Palast und am übernächsten. Immer dasselbe: Der Papst hat auf einmal keine Zeit mehr für ihn. Der gleiche Papst, der so begeistert war und der gesagt hatte: „Geld spielt keine Rolle."
Michelangelo ist wütend und enttäuscht. Hintenherum erfährt er den wirklichen Grund für die veränderte Haltung des Papstes. Bramante, der Baumeister von St. Peter, hat dem Papst eingeredet: „Es bringt Unglück, Heiliger Vater, wenn man sich schon zu Lebzeiten ein Grab bauen läßt." Selbst der Papst fällt auf diesen Aberglauben herein. Seine Begeisterung beginnt zu erkalten.
Als Michelangelo zum vierten Mal an der Tür des Papstpalastes abgewiesen wird, schreit er dem Diener ins Gesicht: „Sag dem Papst, daß er mich suchen muß, wenn er mich in Zukunft sehen will!" So wütend ist Michelangelo, daß er beim Hinausgehen die Tür mit lautem Knall zuschlägt.
Die bereits begonnenen Statuen für das Grabmal verstaut er in einem Schuppen neben seiner Werkstatt. Dann verläßt er am gleichen Tag fluchtartig Rom. Hierhin wird ihn niemand mehr zurückbekommen!
Doch da irrt Michelangelo. Er ahnt nicht, wieviele Jahre seines Lebens er noch in Rom verbringen wird. Er ahnt in diesem Augenblick nicht, daß allein das Grabmal für Julius II. ihn volle vierzig Jahre begleiten und belasten wird.
„Michelangelo, ich habe den Befehl, dich nach Rom zurückzubringen!" Mitten in der Nacht wird Michelangelo vom Wirt des Gasthofes geweckt. Ein Trupp päpstlicher Soldaten ist ihm von Rom gefolgt und hat ihn hier endlich eingeholt. „So, du hast also einen Befehl?" fragt Michelangelo höhnisch den Anführer. „Dann sieh mal zu!"

Inzwischen hat der Wirt seine Knechte und Nachbarn zusammengetrommelt. Der Gasthof liegt schon auf Florentiner Gebiet. Als wenn sich die Florentiner ihren Michelangelo, der den David auf der Piazza Signoria geschaffen hat, durch päpstliche Truppen von ihrem eigenen Gebiet weg verhaften lassen! Ein dichter Kreis von Männern hat sich um die Soldaten geschlossen. Alle sind bewaffnet: mit Mistgabeln und Spaten, mit Spießen und Dreschflegeln. „Dann...", stottert der Anführer, „dann lies wenigstens den Brief des Heiligen Vaters!" Schnell überfliegt Michelangelo den Brief des Papstes. Er droht ihm darin seine Ungnade an, wenn er nicht sofort zurückkommt. Michelangelo greift zu Papier und Feder. „Ich habe es nicht nötig", schreibt er an den Papst, „mich wie einen Verbrecher von Eurer Tür wegjagen zu lassen. Da Ihr das Grabmal nicht mehr wollt, bin ich auch zu nichts mehr verpflichtet." Dann kommen Datum und Unterschrift und vor allem der Name des Ortes: „aus Poggibonsi". Damit der Papst davon erfährt, daß Michelangelo sich schon auf Florentiner Gebiet befindet.

## 14 Das ist nicht meine Sache!
*(Florenz–Bologna–Rom 1506–1508)*

„Und", fragte mich mein Bruder Francesco, „ist Michelangelo jetzt in Florenz geblieben?" – „Zunächst ja! Wie ein Wilder stürzte er sich auf die Arbeiten, die er angefangen liegengelassen hatte: den heiligen Matthäus für den Dom, die Entwürfe für das riesige Fresko im Ratssaal der Signoria. Und er arbeitete auch trotz der Erlebnisse in Rom weiter an einigen Statuen für das Grabmal des Papstes." – „Und der Papst, Maurizio, hielt der still?" – „Wo denkst du hin! Ein Brief nach dem anderen kam in Florenz an. Julius II. machte ganz schön Druck auf die Stadt Florenz. Sieben Monate ging das so." – „Und dann...?" – „Ja, dann ließ eines Tages der Gonfaloniere Soderini Michelangelo in den Palazzo Vecchio kommen. ‚*Peccato, Michelangelo mio*', sagte er zur Begrüßung, ‚tut mir leid, mein Michelangelo, aber der Papst hat uns einen neuen Brief geschrieben. Deinetwegen. Der Signoria bleibt jetzt nichts anderes übrig. Wenn wir den Papst nicht zum Feind haben wollen, dann müssen wir dich jetzt zu ihm schicken.'" – „Und Michelangelo?" – „Der überlegte zuerst, ob er fliehen sollte. Dann erkannte er, daß ihm gar nichts anderes übrig blieb, als dem Befehl des Gonfaloniere zu folgen. Der Papst war inzwischen auf einem Kriegszug gegen die beiden Städte Perugia und Bologna. Michelangelo traf ihn in einem Heerlager vor der Stadt Bologna."

„Du solltest zu Uns kommen, Michelangelo", fährt ihn der Papst an, als dieser das Feldherrenzelt betritt. „Und du hast gewartet, bis Wir zu dir kommen!" Michelangelo hat Angst – wer weiß, was der Papst ihm antun wird? „Entschuldigung, Heiliger Vater!" Er nimmt seinen Mut zusammen. „Aber es war keine böse Absicht. Ich wollte Euch auch nicht beleidigen. Jedoch: habe ich es verdient, aus Eurem Hause verjagt zu werden wie ein Hund? Das konnte ich nicht ertragen."
Der Papst schaut mit gerunzelten Augenbrauen auf den Künstler herab, ohne ein Wort zu sagen. Da mischt sich ein Kardinal ein. Er will Michelangelo helfen. „Eure Hei-

ligkeit", sagt er, „er hat diesen Fehler doch nur gemacht, weil er so dumm ist. Die Künstler sind doch alle so." – „Was?" schreit ihn da der Papst an, „was sagst du? Du beleidigst Michelangelo? So etwas würde noch nicht einmal ich wagen! Weg mit dir, aus meinen Augen!" Und er befiehlt den Dienern, den Kardinal hinauszuwerfen.
Der Papst versöhnt sich mit Michelangelo und gibt ihm den Auftrag, eine über vier Meter hohe Bronzestatue zu schaffen, die ihn darstellen soll. Zwei Jahre arbeitet der Bildhauer mit diesem ungewohnten Werkstoff an der Statue. Im Februar 1508 wird das Standbild von Julius II. an der Außenwand der Bologneser Kirche San Petronio über dem Hauptportal enthüllt. Wenn Michelangelo zu diesem Zeitpunkt gewußt hätte, daß die ganze Arbeit und Quälerei von zwei Jahren für die Katz war! Bereits drei Jahre später verliert der Papst seine Herrschaft über Bologna. Die neuen Machthaber holen als erstes seine Statue von der Fassade des Domes, lassen sie in tausend Stücke zerschlagen und aus der Bronze eine große Kanone gießen. Die nennen sie dann auch noch, um den Papst zu verspotten: „Julia".
Gott sei Dank ahnt Michelangelo das nicht, als er eilig Bologna den Rücken zuwendet und nach Florenz zurückkehrt. Wieviel Arbeit wartet da auf ihn; vor allem Arbeit an dem geliebten Marmor! Aber: falsch gedacht. Kaum ist er in Florenz angekommen, da erreicht ihn auch schon ein neuer Befehl des Papstes: „Michelangelo, komm sofort nach Rom!"
Was bleibt Michelangelo anderes übrig? Sich noch einmal mit dem Papst anlegen? Er würde doch unterliegen. Und im übrigen hofft er darauf, daß er in Rom endlich an den

Statuen für das Grabmal weiterarbeiten kann. In Rom wird er sofort in den Papstpalast bestellt. Doch zu seinem großen Schreck ist von dem Grabmal überhaupt keine Rede mehr. Es ist die Furcht, daß ein Grabmal schon zu Lebzeiten Unglück bringen könnte. Diese Furcht hat sich wohl beim Papst durchgesetzt.

„Michelangelo, kennst du eigentlich die Sixtinische Kapelle?" fragt ihn der Papst hinterlistig. Natürlich kennt er diese Kapelle. Papst Sixtus IV., ein Onkel Julius II., hatte sie um etwa 1480 erbauen lassen. Wie ein Festungsgebäude stand dieses dreistöckige Bauwerk nun zwischen der Peterskirche und dem Papstpalast. Im Erdgeschoß Empfangsräume, im dritten Geschoß Unterkünfte für die Wachsoldaten und in der Mitte die nach Sixtus benannte Sixtinische Kapelle. Eine Befestigung war dieses Bauwerk und kein schönes Gebäude. Eine ganz und gar häßliche Kapelle ist es, die der Papst meint. „Ich wünsche, Michelangelo, daß du in meiner Kapelle die Decke bemalst." – „Aber, Heiliger Vater", ruft der Bildhauer erschrocken, „Malen, das ist nicht meine Sache! Davon verstehe ich nichts! Laß doch Raffael, den jungen Freund Bramantes, die Kapelle malen. Der macht es bestimmt besser!"
„So", unterbricht ihn Julius II. wütend, „so, das ist nicht deine Sache? Und der Entwurf für den Saal der Signoria in Florenz? Das ist deine Sache? Für Florenz kannst du malen und für mich, deinen Papst, nicht? Willst du meinen Zorn herausfordern?" – „Nein, Heiliger Vater, gewiß nicht!" – „Also wirst du die Decke der Kapelle malen? Mit den zwölf Aposteln wirst du sie bemalen?" – „Gewiß, Heiliger Vater, ich werde die Decke der Kapelle mit den zwölf Aposteln bemalen."

Nachdem Michelangelo seine große Enttäuschung überwunden hat, beginnt er mit den Entwürfen. Er wird es denen zeigen! Allen, die meinen, sie könnten ihn mit der Malerei aufs Kreuz legen, all denen wird er es zeigen. Sein Ehrgeiz hat ihn gepackt. Er wird der Welt beweisen, daß er auch als Maler der Meister ist.

Die ersten Zeichnungen sahen die zwölf Apostel vor und dazwischen einige Dekorationen und Verzierungen. Dann erkennt Michelangelo: Das mit den zwölf Aposteln, das wird eine armselige Sache werden. „Jetzt, wo ich die Sache begonnen habe", erzählt er einem Freund, „jetzt muß sie ein Meisterwerk werden." Er geht zum Papst: „Heiliger Vater, das mit den zwölf Aposteln, das wird eine armselige Sache!" – „Eine armselige Sache? Wie können die zwölf Apostel eine armselige Sache sein? Michelangelo, versündige dich nicht!" – „Die Apostel waren arme Männer, Heiliger Vater, deshalb wird das eine armselige Sache!" Der Papst weiß nicht, ob er lachen oder wütend werden soll. „Dann mach doch, was du willst!" schreit ihn Julius II. an.

Obwohl Michelangelo sich das fünf- bis zehnfache an Arbeit eingehandelt hat, ist er jetzt doch zufriedener: Er kann wenigstens machen, was er will! Neun Bilder aus der Schöpfungsgeschichte werden die Mitte des Gemäldes bilden. Anstelle der zwölf Apostel wird es umrahmt von den sieben Propheten des Alten Testamentes und von fünf Sibyllen, den Weissagerinnen des Heidentums. Hier kommt Michelangelo wieder in Erinnerung, was er vor etwa zwanzig Jahren im Palast der Medici in Florenz von den großen Gelehrten gelernt hat. Die Offenbarungen der jüdischen Propheten stimmen teilweise mit den Weissagungen der heidnischen Sibyllen überein. Gott ist der Gott aller Menschen. Die Erlösung gilt für die ganze Welt. Auch die Bilder aus der Schöpfungsgeschichte sollen nicht nur einfach eine Schilderung der Geschichte sein. Sie gelten auch als Symbole für Jesus Christus, der als Sohn Gottes auf die Welt gekommen ist. Das ist sein Thema. Jetzt erfüllt es ihn ganz. Und wie immer – wenn Michelangelo mit einem Kunstwerk beginnt – fängt er an, nur noch für dieses Kunstwerk zu leben.

## 15 Aller Anfang ist schwer
*(Sixtinische Kapelle 1508–1512)*

„Wie kam Michelangelo denn darauf, sich für die Decke der Sixtinischen Kapelle ein Thema aus der Bibel auszusuchen, Maurizio?" – „Weißt du nicht", fragte ich meinen Bruder Francesco, „daß Michelangelo jeden Tag in der Bibel las? Habe ich dir das noch nicht erzählt?" Schon von Kindheit an war Michelangelo daran gewöhnt, täglich in der Heiligen Schrift zu lesen. Und so wunderte es auch niemanden von all seinen Freunden, daß in seinen Kunstwerken immer wieder das Wort Gottes sichtbar wurde. Und es wunderte auch niemanden von uns, daß er sich für die Decke der Sixtinischen Kapelle die Schöpfungsgeschichte ausgewählt hatte.

Einige Tage nach der Auseinandersetzung mit dem Papst kommt Michelangelo zum erstenmal wieder in die Kapelle. „Ja, das kann doch wohl nicht wahr sein!" ruft er erschrocken aus. Verzweifelt blickt er nach oben. Da hat Bramante zwölf Löcher in die Decke geschlagen, durch die er dicke Hanfseile geführt und an diesen das Gerüst zur Decke hochgezogen hat.

„Und wenn ich mit dem Malen fertig bin, Bramante, kannst du mir mal verraten, was dann mit den Löchern in der Decke wird?" fragt er zornig den Baumeister von Sankt Peter. „Dann werden die Löcher verputzt, wie immer!" antwortete Bramante. „Und wie willst du sie verputzen, wenn kein Gerüst mehr da ist?"

Nein, so geht das nicht! Michelangelo geht zum Papst und erklärt ihm diese Fehlplanung. Er erhält die Erlaubnis, das Gerüst auf seine Art aufzustellen.

Michelangelo entdeckt unter der Decke ein Gesims, das um die ganze Kapelle läuft. Auf dieses Gesims läßt er starke Bohlen auflegen und verkeilen. Und je mehr Gewicht auf die Bohlen kommt, desto stärker drücken sie gegen die Wände. Je mehr sie gegen die Wände drücken, desto besser halten sie und tragen das gesamte Gerüst. Das ist die Lösung!

Nun kommt ein neues Problem: Durch das neue Thema – die Schöpfungsgeschichte – hat ja das Gemälde einen vielfachen Umfang von dem, was ursprünglich geplant war. Das ist für einen Maler allein niemals zu schaffen. Michelangelo schreibt an seinen alten Freund Granacci, er soll noch einige gute Maler in Florenz suchen und mit ihnen nach Rom kommen. In der Zwischenzeit beginnt Michelangelo mit den Entwürfen. Tag und Nacht füllt er die Kartons mit Szenen und Gestalten aus der Heiligen Schrift. Als die sechs Maler aus Florenz ankommen, finden sie Michelangelo in seiner Werkstatt fast unter Bergen von Zeichnungen begraben.

Dann beginnt die Arbeit in der Sixtinischen Kapelle. Eine fröhliche Malertruppe zieht da durch Rom. Ein Karren, vollgepackt mit Farbeimern, Kalk und Malgeräten, begleitet von einer singenden Schar Florentiner Maler. Michelangelo läßt seine Mitarbeiter einige Gestalten zur Probe beginnen. Und: Er ist maßlos enttäuscht. Nein, lieber will er sich alleine totarbeiten, als schlechte Qualität zulassen! Voll Verzweiflung kratzt Michelangelo die Farben, die seine Mitarbeiter gemalt hatten, mitsamt dem Putz von der Decke. Dann steigt er vom Gerüst und verriegelt die Tür.

Am nächsten Morgen kommen die Florentiner Maler zu ihrer Arbeitsstelle. Sie finden die Tür zur Kapelle verschlossen. Zuerst glauben sie an einen Scherz Michelangelos. Doch als sie am Abend zurückkommen und die Tür immer noch verschlossen finden, beginnen sie zu klopfen. Michelangelo aber antwortet nicht, und er öffnet nicht. Da beginnen die Maler zu begreifen: Michelangelo ist nicht mit uns zufrieden. Er will uns nicht mehr sehen.

„Ach, daher kommt es, daß die Leute in Florenz heute noch Michelangelo einen eingebildeten und unhöflichen Menschen nennen!" unterbrach mich mein Bruder Francesco. „Ja, daher kommt das wohl", bestätigte ich. „Das, was Michelangelo da gemacht hat, war auch bestimmt keine schöne Sache! Aber: des einen Pech ist des anderen Glück!" – „Wie meinst du das denn schon wieder, Maurizio? Du sprichst in Rätseln." – „Ja, wenn du mich sowieso beim Erzählen unterbrochen hast, dann kann ich dir ja auch gleich berichten, wie ich zu Michelangelo kam. Das ist nämlich genau der richtige Zeitpunkt." – „Ja, los! Erzähl! Ich bin schon ganz neugierig." – „Also, die Maler aus Florenz hatten auch einen Lehrling mitgebracht. Der hieß Pietro, und seine Aufgabe war es, Handreichungen bei den Malerarbeiten zu machen. Aber er mußte auch das Haus und die Werkstatt in Ordnung halten. Gerade als Michelangelo die Maler nach Florenz zurückschickte, war Pietro krank geworden. Da nahmen ihn die Florentiner gleich mit nach Hause. Nun war Michelangelo wieder völlig allein. Er schrieb an seinen Vater Lodovico nach Florenz. Lodovico war mit unserem Vater befreundet. Der schickte mich dann als Lehrling Michelangelos nach Rom. So war das." – „Ja, dann mußt du ja über alles, was jetzt kommt, noch besser Bescheid wissen. Ich erfahre ja dann jetzt alles – sozusagen – aus erster Hand. Wie war das denn, als du in Rom ankamst?" – „Ach, erstmal hatte ich eine volle Woche allein damit zu tun, das Haus und die Werkstatt von Michelangelo aufzuräumen. Da ging alles drunter und drüber. Als man sich endlich in der Wohnung wieder bewegen konnte, ohne gleich über irgendwelchen Krempel zu stolpern, da sagte Michelangelo zu mir: ‚So, Maurizio, ab morgen gehst du mit in die Kapelle. Da kannst du mir helfen, die Sachen aufs Gerüst zu tragen. Du kannst den Mörtel herrichten und später dann auch auftragen. Und die Farben, die mußt du stampfen und zerreiben.' Ja, was dann alles noch dazukam: irgendwas mußte der Meister ja auch essen, die Wohnung mußte in Ordnung gehalten werden, ich mußte einkaufen gehen und was nicht noch alles. Aber das habe ich alles gerne getan. Schließlich hatte mir mein Vater gesagt: ‚Du, Maurizio, das ist eine ganz große Ehre, wenn du Lehrling sein darfst bei dem größten Künstler der Welt.'"

„Ziooooo... – Zio, wo bleibst du denn? *Subito* – schnell, bring den Mörtel rauf!" Laut hallt die Stimme des Meisters durch die leere Sixtinische Kapelle. Sie ist fest abgeschlossen. Nur Michelangelo selbst und sein neuer Lehrling Maurizio haben Zutritt. Und der Papst natürlich. Aber bis jetzt hat er sich noch nicht sehen lassen. „Ziooo..., nun hör auf zu träumen und komm!" Michelangelo nennt seinen Lehrling nur Zio. Das konnte er besser rufen. Eigentlich heißt der Junge Maurizio, und eigentlich heißt Zio „Onkel". Aber, was macht das schon: Die Hauptsache: Dem Meister war es so recht.
Maurizio klettert die vielen Sprossen der Leitern hoch, bis er endlich bei Michelangelo auf dem Gerüst steht. Den Mörteltrog, den er auf der Schulter heraufgetragen hatte, leert er in einen Bottich. Michelangelo nimmt den Mörtel auf eine Kelle und klatscht ihn unter die Decke. „Siehst du, Zio, so wird's gemacht. Hab ich vor zwanzig Jahren bei Ghirlandajo gelernt. Nicht zuviel Wasser, sonst wird der Mörtel zu dünn. Und nicht zuwenig Wasser, dann kann man ihn nicht mehr verstreichen. Willst du auch mal probieren?" Und ob Maurizio will! „Na, das klappt ja schon ganz gut", lobt ihn Michelangelo. „So, und jetzt glattstreichen. Und weiter. Wir müssen ungefähr ein mal ein Meter Mörtel auftragen. Dann können wir von den Entwürfen die Umrisse mit Ruß übertragen. Und noch in den feuchten Putz hinein gehören sofort die Farben. Das ist dann ein Fresko, Zio, die Farben frisch in den Putz gemalt. Und es wird viele hundert Jahre halten!"
Über und über sind beide – der Meister und sein Lehrling – mit Mörtel und Farben bedeckt, als sie sich am Abend auf den Heimweg machen. Die Augen brennen, weil

ab und zu auch ein wenig Farbe in die Augen tropft. Der Rücken schmerzt. Über zehn Stunden den Oberkörper nach hinten verbogen, die Arme ausgestreckt, das zieht in den Muskeln und Knochen.

Am nächsten Morgen klettert Michelangelo wie immer sofort auf das Gerüst. Während Maurizio unten den Mörtel und die Farben für weitere Malflächen vorbereitet. Da hört Maurizio, wie Michelangelo schon wieder die Leiter herunterkommt. Das gibt es doch nicht, denkt er sich. Das ist noch nie dagewesen. Sonst bleibt er immer den ganzen Tag oben, manchmal sogar die halbe Nacht. Sogar das Essen muß ich ihm aufs Gerüst hinaufbringen. Was ist da nur geschehen? Der Meister kommt näher. Und da sieht Maurizio, daß Michelangelo dicke Tränen das Gesicht herunterlaufen. „Alles umsonst!" murmelt er. „Alles umsonst." Und er begibt sich zum Papst.

„Heiliger Vater", sagt er, „ich habe euch ja gesagt, daß das Malen nicht meine Sache ist, daß ich davon nichts verstehe!" Michelangelo steht verzweifelt vor Papst Julius. „Was ist denn jetzt schon wieder? Mit euch Künstlern hat man auch nichts als Ärger!" Der Papst hatte geglaubt, er hätte den widerspenstigen Michelangelo endlich gezähmt – und jetzt schon wieder neue Schwierigkeiten! „Was gibt es denn?" – „Alles, was ich bisher gemalt habe, ist verdorben, Heiliger Vater, ich verstehe nichts davon! Als ich heute morgen aufs Gerüst komme, da sehe ich, daß die ganze Malerei begonnen hat zu schimmeln. Es schimmelt so stark, daß man die Figuren kaum noch erkennen kann." Der Papst schickt Michelangelos Freund, den Baumeister Sangallo, der auch aus Florenz kommt, in die Sixtinische Kapelle.

Der Baumeister untersucht den Putz gründlich. Dann schaut er verschmitzt zu Michelangelo hinüber: „Hör mal, Michelangelo, du bist hier nicht in Florenz!" – „Das weiß ich selber nur zu gut, Sangallo. Aber was hat das mit dem Schimmel zu tun?" – „Was der Schimmel mit Florenz zu tun hat? Eine ganze Menge. Ich möchte sagen: alles. Das ist nämlich so: Der römische Kalk ist anders als der Kalk aus Florenz. Er verträgt nicht soviel Wasser. Wenn zuviel Wasser im Mörtel ist, beginnt er zu schimmeln." – „Und was mache ich jetzt?" – „Gar nichts machst du am besten. Du läßt das Fresko in Ruhe trocknen. Und in zwei Tagen ist der Schimmel weg. Und zweitens: Du tust ab jetzt weniger Wasser in den Mörtel, dann fängt er erst gar nicht an zu schimmeln."

Zwei Tage Pause. Das tut beiden gut; dem Meister und dem Lehrling. Aber es sind auch zwei Tage voller Angst. Am dritten Tag läuft Michelangelo schon vor Sonnenaufgang zur Sixtinischen Kapelle. So schnell, daß Maurizio ihm kaum folgen kann. Als der Lehrling die Kapelle betritt, hört er oben vom Gerüst schon Michelangelo rufen: „Zio, schnell! Schau dir das an. Sangallo hatte recht. Kein Schimmel mehr, kein bißchen Schimmel!"

Nun kann die Arbeit weitergehen.

## 16 Arche und Flut
*(Sixtinische Kapelle 1508–1512)*

„Wann hat sich der Papst denn das erste Mal sehen lassen?" fragte mich mein Bruder Francesco. „Warst du da schon lange Michelangelos Lehrling?" – „Laß mich mal überlegen. Nein, so lange war ich noch gar nicht in Rom. Es war an dem Tag, nachdem der Schimmel von dem ersten Bild weggetrocknet war."

Michelangelo und Maurizio stehen hoch oben auf dem Gerüst unter der Decke der Sixtinischen Kapelle, und sie freuen sich immer noch darüber, daß ihre Arbeit nicht umsonst war. Da hören sie direkt unter sich eine Tür gehen. „Was ist das, Maurizio? Da ging doch eine Tür? Es hat doch niemand einen Schlüssel!" fragt Michelangelo aufgeregt. Dann hören die beiden, wie jemand die Leitern hinaufklettert. Langsam geht das. Es muß jemand sein, der nicht mehr der jüngste ist. Da taucht auch schon ein Kopf über den Bohlen der ersten Plattform auf. Es ist der Papst. Tief atmend steht er eine ganze Weile neben den beiden. Endlich hat er sich verschnauft und kann sprechen. „Ja, ja, Michelangelo, so ist das, wenn man seinen 65. Geburtstag gefeiert hat. Da geht es einem Papst nicht anders als jedem anderen Menschen. Die Jahre lasten schwer auf dem Rücken!" – „Aber Heiligkeit", erwidert Michelangelo, „auch wir müssen uns jeden Tag ordentlich verpusten, wenn wir hier oben angekommen sind. Und wir sind viel jünger!" – „Wußte gar nicht, daß du so nett sein kannst, Michelangelo!" lacht der Papst. „Doch Spaß beiseite: Deine große Aufregung vor ein paar Tagen hat mich neugierig gemacht. Und Bramante meinte gestern, du würdest es nicht schaffen. Da bin ich doch neugierig geworden."

Aufmerksam betrachtet Julius II. das erste Bild an der Decke. Dann sprach er: „Noach trank von dem Wein, den er geerntet hatte, wurde davon betrunken und lag ent-

blößt in seinem Zelt. – Sag, Michelangelo, du wolltest doch die Schöpfungsgeschichte darstellen. Die beginnt doch nicht mit der Geschichte von der Trunkenheit des Noach!"
„Nein, Heiliger Vater, die Schöpfungsgeschichte beginnt nicht mit Noach. Aber durch Gottes Sohn, durch Jesus Christus und durch seinen Tod am Kreuz wird alles anders. Wird alles auf den Kopf gestellt. Deshalb beginne ich mit Noach."
– „Und warum ausgerechnet Noachs Trunkenheit?" – „Nun, Noach wurde von seinem Sohn verspottet, als er da entblößt im Zelt lag. Und die Geschichte vom Leiden und Sterben unseres Herrn beginnt auch mit einer Verspottung. Mit einer Verspottung begann unsere Erlösung!"
„Ja, richtig! Du willst mit den Bildern aus der Schöpfungsgeschichte Hinweise geben auf die Leidensgeschichte unseres Herrn?" – „Ich will keine Hinweise geben, Heiliger Vater. Alles in der Heiligen Schrift ist Hinweis auf den Messias. Jede Geschichte der Bibel ist ein Hinweis auf den Sohn Gottes." – „Deshalb auch die Propheten?" – „Ja, deshalb rundherum die Propheten und die Sibyllen. Auch sie haben den Sohn Gottes angekündigt."
Der Papst wiegt nachdenklich seinen Kopf hin und her. „Michelangelo, es ist wunderbar, wie du das erklärst! Und es ist wunderbar, wie du das malst! Alles ist so ganz anders, als es je ein Mensch vorher gemalt hat." – „Es ist nur der Anfang, Heiliger Vater, ich übe noch. Es wird noch besser!"
Nachdenklich verläßt der Papst das Gerüst und die Kapelle.
„Was wird das nächste Bild, Meister?" fragt Maurizio, der die ganze Zeit aufmerksam zugehört hat.

„Das beginnen wir heute, Maurizio. Es wird die Sintflut." – „Die Sintflut?" – „Ja. Petrus spricht in seinem ersten Brief von der Sintflut. Und er sagt: Der Sintflut entspricht die Taufe, die euch jetzt rettet. Die Taufe ist der Beginn unserer Erlösung! Und die Arche des Noach ist ein Bild für die Kirche. Du wirst schon sehen!" Diesmal ist weniger Wasser im Mörtel. Nicht noch einmal will Michelangelo solch eine Katastrophe erleben wie mit dem ersten Bild. Diesmal tragen sie gleich den ganzen Untergrund für das gesamte Bild auf. Dafür aber muß Michelangelo jetzt ungeheuer schnell arbeiten. Die Farben müssen aufgetragen sein, bevor der Putz trocknet. Sonst können sie sich nicht mit ihm verbinden. Von oben tropfen die Farben auf die Kleider, auf die Haare und in die Augen. „Meister, hast du gesehen? Der Papst war ziemlich mit Farbe bekleckert, als er die Leitern hinabstieg!" – „Ja, Maurizio, das habe ich gesehen. Wenn er mit seinem kostbaren Gewand hier auf die Baustelle kommt, dann darf er sich nicht wundern! Nun aber an die Arbeit!"
Kaum hat Maurizio von dem Karton den Entwurf übertragen, da beginnt Michelangelo auch schon damit, die Farben aufzutragen.
Michelangelo beginnt links. Dort ist ein Ufer zu sehen, auf das sich die Menschen mit ihrer Habe vor der Sintflut retten wollen. In der Mitte die Arche des Noach, davor in einem Boot Menschen, die die Arche noch erreichen wollen. Ganz zum Schluß malt er rechts einen Felsen, der wie eine Insel aus dem Wasser ragt. Auch auf ihn flüchten sich die Menschen vor den Wasserfluten. An einem Baum haben sie sogar eine Zeltplane befestigt. Sie soll ihnen Schutz bieten vor dem unaufhörlichen Regen.

„Siehst du, Maurizio. Die Arche Noach ist ein Bild für die Kirche. Sie wurde durch die Taufe und durch den Tod Jesu am Kreuz gerettet. Und die fünfundzwanzig Figuren, die du auf dem Bild siehst, sind drei Gruppen von Menschen: die Menschen, die in der Kirche (also in der Arche) sind und in ihr gerettet werden. Dann die Verdammten, die kurz vor ihrem Untergang doch noch versuchen, die Arche zu stürmen – siehst du, Maurizio, die mit dem Boot da. Und schließlich die Gruppe von Menschen – es sind die meisten –, die zwar nicht böse und verdammt sind. Aber sie haben nichts anderes im Sinn, als ihren Besitz zu retten. Und das stürzt sie ins Verderben." – „Ja, klar", meint Maurizio, „das kann man genau sehen: da in der Mitte, da schleppt einer einen Hocker. Und daneben einer sogar eine Pfanne! Mein Gott, Meister, wie kann man nur wegen solcher Kleinigkeiten das Leben riskieren?"
„Nicht nur das Leben, Maurizio, sogar das ewige Leben! So dumm sind die Menschen!" – „Und du glaubst, Meister, daß die Menschen wegen ihrer Dummheit verdammt werden?" fragt Maurizio. Michelangelo schweigt eine Weile. Dann spricht er leise: „Ja, die Menschen sind dumm, Maurizio, aber Gott ist gut!"
Noch den ganzen Heimweg muß Maurizio über die Worte seines Meisters nachdenken.

1 Madonna auf der Treppe
*(siehe S. 39–43)*

2 Die Erschaffung Adams
*(siehe S. 103–106)*

3 Gott erschafft Sonne und Mond
*(siehe S. 106–108)*

4 Der Sündenfall und die Vertreibung aus dem Paradies
*(siehe S. 97–99)*

# 17 Baum und Schlange
*(Sixtinische Kapelle 1508–1512)*

Michelangelo beginnt nun das zweite große Bild aus der Schöpfungsgeschichte: Der Sündenfall und die Vertreibung aus dem Paradies. *(Siehe Abbildung 4.)* In die Mitte des Bildes malt er einen mächtigen Baum, dessen Krone bis ganz zum linken Bildrand reicht. Um den Baum windet sich eine riesige Schlange. Sie hat aber den Oberkörper einer Frau. Diese Schlangenfrau reicht der Eva den Apfel der Versuchung. Eva greift mit der geöffneten Hand nach dem Apfel. Adam steht neben ihr. Auch er beugt sich zum Baum.
Rechts vom Baum malt Michelangelo einen Engel in einem roten Gewand. Drohend hält dieser das Schwert gegen Adam und Eva ausgestreckt. So treibt er sie vor sich her aus dem verlorenen Paradies. Adam hat verzweifelt seinen Blick nur auf den Weg gerichtet. Eva wagt noch einmal ängstlich einen Blick zurück zum Engel.
Maurizio kommt aus dem Staunen nicht mehr heraus. „Michelangelo, sind Adam und Eva schön! – Sie sehen aus wie Könige. Im Paradies ganz bestimmt. Aber auch noch bei der Vertreibung aus dem Paradies. Da sind sie zwar niedergedrückt, aber immer noch wunderschön und wie Könige! – Eine Frage habe ich trotzdem: Du hast mir doch erklärt, daß die Geschichte von der Erschaffung der Welt auch gleichzeitig ein Hinweis ist auf die Geschichte von der Erlösung der Menschen durch Jesus. Bei der Sintflut, da habe ich das ja noch verstanden. Aber hier...?"
„Ja, da muß ich dir recht geben, Maurizio. Das ist nicht so einfach. Wenn du mal genau hinsiehst", er zieht Maurizio

genau mitten unter das Bild, „dann kannst du erkennen, daß das Bild in zwei Hälften geteilt ist." – „Ja, das kann ich sehen. Und geteilt wird das Bild durch den mächtigen Baum." – „Überleg mal, ob dir bei einem Baum nicht noch etwas anderes einfällt. Auch der Baum ist ein Zeichen für etwas anderes. – Denk mal nach: was wird aus einem Baum gemacht?" – „Ja, Holz wird aus einem Baum gemacht!" – „Und was hat das Holz mit unserer Erlösung durch Jesus Christus zu tun?" – „Er hat uns durch seinen Tod am Kreuz erlöst." – „Siehst du, das ist es: Am Holz des Kreuzes hat Jesus uns erlöst. Durch einen Baum kam der Tod, und durch einen Baum kam das Leben. Deshalb nennt man das Kreuz auch oft ‚Baum des Lebens'. Verstehst du nun, was das Bild vom Sündenfall mit unserer Erlösung zu tun hat?"

Maurizio war aufgefallen, daß Michelangelo seine Augen immer zusammenkniff, wenn er nach oben schaute. Wahrscheinlich hatte er sich schon daran gewöhnt, seine Augen vor den herabtropfenden Farben zu schützen.

Als sie jedoch nach Hause kommen und Michelangelo einen Brief nicht mehr lesen kann, bekommt es Maurizio mit der Angst. Wie ein Blitz rast er zum Arzt. Der untersucht die Augen Michelangelos gründlich. Dann mischt er verschiedene Kräuter zusammen. „So, Maurizio, mit diesen Kräutern und mit Wasser machst du eine Art Tee. Damit spülst du die Augen deines Meisters, ob er will oder nicht. Heute abend zum erstenmal, dann jeden Abend."

„Und", fragte mich mein Bruder Francesco, „hat Michelangelo sich von dir verarzten lassen?" – „Das war schwierig genug. Aber was blieb ihm anderes übrig? So dumm war er auch nicht! Er wußte schon: wenn ich weiter als Bildhauer und Maler arbeiten will, dann brauche ich vor allem meine Augen. Also ließ er mich machen." – „Ist ja eigentlich schade, daß Michelangelo damals nicht das große Fresko im Palazzo Vecchio gemalt hat!" meinte Francesco dann. „Wie kommst du denn jetzt darauf?" fragte ich ihn. „Ja, dann könnten wir uns doch hier in Florenz ansehen, wie großartig er malen kann. Ob wir jemals nach Rom in die Sixtinische Kapelle kommen, das glaube ich kaum! So bin ich doch nur auf deine Erzählungen angewiesen." – „Jetzt hör aber auf! Auf meine Erzählungen angewiesen! Wer hat denn schon das Glück, einen Augenzeugen Michelangelos als Bruder zu haben?"

## 18 Ein Funke springt über
*(Sixtinische Kapelle 1508–1512)*

„Michelangelo, du wagst es, Gott zu malen?" Maurizio steht erstaunt unter dem fünften Bild, das Michelangelo an die Decke der Sixtinischen Kapelle malt. Aber der Meister läßt sich nicht aufhalten. Wie im Traum gleitet der farbengetränkte Pinsel über den feuchten Putz. Eine mächtige Gestalt füllt fast die ganze rechte Bildhälfte. Gottvater, der Schöpfer, ist in einen weiten hellgrau und violetten Mantel gehüllt. Er blickt gütig auf Adam und Eva herab. Seine Hand ist zu ihnen hin ausgestreckt. Ganz links auf dem Boden liegt, an einen Felsen gelehnt, der schlafende Adam. Hinter ihm Eva. So, als wenn sie aus seiner Seite hervortritt. Sie beugt sich vor Gott, streckt ihm betend ihre Hände entgegen.

Maurizio steht jetzt neben Michelangelo. Da hört er ihn sprechen. Unbemerkt geht er noch näher heran: Wird er jetzt auf die Frage antworten? „Da ließ Gott, der Herr, einen tiefen Schlaf auf den Menschen fallen, so daß er einschlief. Dann nahm er eine seiner Rippen und verschloß ihre Stelle mit Fleisch", murmelte Michelangelo im Rhythmus des Malens. „Gott, der Herr, baute aus der Rippe eine Frau und führte sie dem Menschen zu."
„Meister", sagt Maurizio. Und als dieser es gar nicht zu hören scheint, etwas lauter: „Meister, hör doch mal!" Michelangelo schreckt zusammen, und er schaut seinen Lehrling an, als wenn er aus einem tiefen Schlaf erwacht. „Meister, woher weißt du, wie Gott aussieht?" – „Nein, mein Junge, ich weiß nicht, wie Gott aussieht. Niemand weiß das. Wenn wir wüßten, wie Gott aussieht, dann wäre es nicht mehr Gott!" – „Aber du hast ihn doch gemalt. Wunderschön, so weise, so gut...!" – „Und Gott sprach: Laßt uns den Menschen machen als unser Abbild, uns ähnlich! Wenn ich mir Gott schon vorstellen muß, wenn ich ihn schon malen muß, Maurizio, dann doch nur nach seinem Abbild – wie ein Mensch! Wie sonst?"
Wie schon so oft in den zwanzig Monaten seit Beginn der Arbeiten in der Kapelle besucht der Papst den Künstler auf seinem Gerüst. Als er unter dem eben fertigen Bild von der Erschaffung der Eva steht und die riesige Gestalt Gottes erblickt, scheint er unwillkürlich erschrocken. „Die gewaltige Kraft des Schöpfers", staunt der Papst. „Michelangelo, so etwas Großartiges habe ich noch nie gesehen!" Schweigend bleibt Julius II. eine ganze Weile betrachtend stehen.
„Daß Gott die Rippe des Adam nimmt", sagt Michelangelo

zum Papst, „das soll an die Seitenwunde des gekreuzigten Herrn erinnern, aus der die Sakramente des Herrn entspringen. Die Kirche ist aus Christus, und Christus ist in der Kirche. Die Kirche und Christus sind eins. Durch die Kirche tut Christus heute das Werk der Erlösung!" Der Papst ist stumm vor Verwunderung. Dieser Maler! Dieser Mann aus Florenz! Er belehrt den Stellvertreter Christi über die Kirche! Der Papst spürt, daß hier in seiner Kapelle etwas ganz Neues entsteht, etwas, das noch nie dagewesen ist!

Nur langsam erholt sich Julius II. von seinem Schrecken und aus seinem Staunen. „Michelangelo, sag, wann wirst du diese Kapelle endlich fertighaben? Ich warte jetzt schon fast zwei Jahre!" Julius ist plötzlich wieder ganz der alte, der von einem zum anderen Augenblick in heftigen Jähzorn verfallen kann. „Sobald ich nur kann, Heiliger Vater!" – „Sobald ich nur kann! Sobald ich nur kann!" schreit der Papst wütend. „Redet man so mit seinem Papst!" Und er nimmt den Stock, den er immer bei sich trägt und schlägt damit Michelangelo auf die Schulter. So voller Zorn ist der Papst, daß er noch hinzufügt: „Von deinem Gerüst werde ich dich hinunterwerfen, du unverschämter Maler aus Florenz!"

Für Michelangelo bricht eine Welt zusammen. Er wird geschlagen wie ein Hund. Er soll vom Gerüst hinuntergeworfen werden? Von dem Gerüst, auf dem er fast seine Gesundheit ruiniert hat, auf dem er gegen seinen Willen fast zwanzig Monate gearbeitet hat – Tag und Nacht. „Nein, mich wirst du nicht von dem Gerüst hinunterwerfen", spricht er zu sich selbst, als er wie von Sinnen durch die Straßen Roms zu seiner Werkstatt rennt. „Mich wirst

du nicht hinunterwerfen. Und du wirst mich nicht noch einmal schlagen. Ich werde nicht mehr in diese Kapelle zurückkehren!"
Zu Hause in der Werkstatt gibt er Maurizio den Auftrag, in aller Eile seine Sachen zusammenzupacken. „Schnell, ehe die päpstlichen Soldaten kommen und uns einfangen! Diesmal sperrt mich der Papst bestimmt ins Gefängnis!" Ein Beutel mit Zeichnungen und ein zweiter Beutel mit Wäsche. So wenig ist zu verpacken. Mehr hat Michelangelo nicht. In diesem Augenblick klopft es an der Tür. „Sind sie so schnell? Lauf weg, Maurizio, damit sie wenigstens dich nicht erwischen!" Aber Maurizio hat den Hinterausgang noch nicht erreicht, da geht vorn die Tür auf. Es sind keine Soldaten. Ein Kammerherr des Papstes, mit dem Michelangelo sich immer gut verstanden hatte, steht in dem ärmlichen Wohnraum. Er reicht Michelangelo einen Beutel mit fünfhundert Golddukaten – ein Vermögen! Zuerst bringt Michelangelo kein Wort heraus. Mit Soldaten und mit Gefängnis hat er gerechnet. Ein Kammerherr und ein Geschenk kommen statt dessen? Doch dann bricht seine Enttäuschung wieder durch: „Der Papst hat mich geschlagen wie einen Hund! Meint er etwa, dieser Beutel könnte meine Wunde schließen?" – „Dem Heiligen Vater tut die Sache leid!" erwidert der Kammerherr. „Michelangelo, bedenke, was es bedeutet, wenn der Papst dich um Entschuldigung bittet!" – „Bedenke, was es bedeutet, wenn ein Papst dich schlägt! Ganz Rom wird über mich lachen!" – „Ganz Rom wird von der Entschuldigung des Heiligen Vaters erfahren! Nenn mir irgend etwas, das in Rom nicht bekannt geworden ist!"
Gut, das überzeugt den Künstler. Trotzdem geht er für ei-

nen Monat nach Florenz. Er kann nicht mehr. Seine Augen sind von der Farbe, die ständig hineintropft, fast blind. Sein Rücken ist nach hinten gebogen wie ein Flitzebogen. Zum Schluß hat er sich noch eine Plattform auf das Gerüst bauen lassen, die der Decke näher ist. Dort hat er fast nur noch auf dem Rücken liegend gemalt. Kaum eine Stelle gibt es an seinem Körper, die nicht wund ist und schmerzt. Nein, er braucht dringend Erholung.

„Das war doch damals, als du einen Monat in Florenz zu Hause warst", unterbrach mich mein Bruder Francesco. „Ich war damals fünf Jahre alt, Maurizio. Damals hast du uns zum erstenmal von Michelangelo erzählt." – „Ja, und der Monat war noch nicht ganz um, da stand Michelangelo schon wieder an unserer Tür. Und es ging zurück nach Rom." – „Habt ihr dann sofort weitergemacht in der Sixtinischen Kapelle?" – „Wo denkst du hin! Als wir nach Rom zurückkamen, war der Papst wieder mal auf einem Kriegszug. Einige Monate war er von Rom weg. Und nach dem großen Krach hatte Michelangelo ja noch nicht mit ihm gesprochen. Er wußte also nicht: Kann ich nun weitermachen oder nicht? Ein paarmal hat er Briefe an den Papst geschrieben. Aber es kam keine Antwort. Der Papst hatte wohl anderes im Sinn, als sich um seinen Maler in Rom zu kümmern.
Endlich kam er zurück. Schon ein paar Tage später ließ er Michelangelo rufen. Es war so, als wenn nie etwas zwischen den beiden geschehen sei. Schon am nächsten Morgen ging es wieder an die Arbeit in der Kapelle."

In der Zwischenzeit hat Michelangelo die Entwürfe für

die zweite Hälfte der Decke fertiggestellt. Maurizio kann gar nicht so schnell den Putz auftragen, wie Michelangelo die Umrisse überträgt und mit Farben ausmalt. Es ist schon ein gewaltiger Unterschied zu dem ersten Bild. Während noch im Bild von der Sintflut sich fünfundzwanzig Figuren drängen, füllt der Meister nun mit zügigen Pinselstrichen die gleiche Fläche mit zwei oder drei mächtigen Gestalten. *(Siehe Abbildung 2.)*
Links liegt der Adam auf einem dunklen Berg. Seine vollendete Gestalt wartet nur noch auf einen geringen Anstoß, um ins Leben zu treten. Von rechts schwebt Gottvater dem Menschen entgegen. Er kommt aus der Höhe herab in einer langsamen Bewegung. Er ist umhüllt von einem leichten Gewand, das aber die Macht seines kraftvollen Körpers durchscheinen läßt. Er ist ganz Kraft, ganz Macht. Göttliche Allmacht ist da auf dem Weg zum Menschen – nur in eine menschliche Gestalt gekleidet. Engelgestalten umgeben ihn. Gott ist Bewegung, Kraft, Fülle, Macht, Liebe.
Adam liegt erwachend. Sein Oberkörper ist zu Gott hin aufgerichtet. Das linke Bein – wie zum Aufstehen bereit – an den Körper gezogen. Die linke Hand zum Schöpfer hin ausgestreckt.
Fast trifft sich sein Finger mit der ausgestreckten Hand Gottes. Der Unterschied ist deutlich: Der Mensch noch ohne Leben. Er wartet auf das göttliche Leben. Gott voller Leben. Er nähert sich dem Menschen, um ihm Leben zu schenken.
„Das ist ja ganz anders, Meister", fragt Maurizio. „In der Heiligen Schrift steht: Da formte Gott, der Herr, den Menschen aus Erde vom Ackerboden und blies in seine

Nase den Lebensatem. Hier auf deinem Bild ist der Mensch schon fertig. Und vom Lebensatem ist auch nichts zu sehen!" – „Schau genau hin, Maurizio, schau genau hin, was zwischen dem Menschen und Gott geschieht. Siehst du es?" – „Nein, Meister, ich sehe nichts!" – „Dann schau länger hin. Du wirst es sehen!" Maurizio starrt auf das Bild. Der Zwischenraum zwischen dem leblosen Finger des Adam und der lebensspendenden Hand Gottes: Da muß es passieren. Plötzlich schreit er auf: „Meister, da ist es! Ich habe es gesehen. Da springt ein Funke über. So, als wenn ich mit Eisen auf einen Stein schlage und der Funke auf trockenes Holz überspringt, um es in Brand zu setzen!" – „Oder wenn von einem Feuer die Funken aufsprühen", ergänzt Michelangelo seinen Lehrling. „Und der Funke von dem mächtigen Feuer erweckt modriges Holz zu flammendem Leben! Gott ist das Feuer, und wir sind die Erde. Was spielen Millionen Jahre vor Gott schon für eine Rolle! Wir sind Erde, und wir bleiben Erde. Gott schenkt das Feuer des Lebens."

„Und was ist mit der Erlösung?" fragt der Papst, der unbemerkt neben die beiden getreten ist und das Gespräch mitangehört hat. „Du hast mir doch gesagt, Michelangelo, deine Bilder sollen die Schöpfungsgeschichte zeigen und gleichzeitig aber auch Hinweise sein auf unsere Erlösung durch Jesus Christus." – „So, wie Gott dem Menschen den Lebensatem einhaucht, so gibt Christus der Kirche Leben durch seinen Tod. Und der Funke – – – der Funke, der überspringt: das ist Pfingsten. Pfingsten, da springt der Funke des Heiligen Geistes über auf die Menschen. Da ist die Kirche geboren!" Papst Julius II. ist wieder einmal sprachlos. So hat er die Geschichte von der Erschaffung

der Welt noch nie gesehen. Soll denn alles, was Jesus für die Menschen getan hat, dort vorgezeichnet sein? Der Heilige Vater schüttelt nachdenklich den Kopf. Er weiß es nicht, er ist ratlos. Ist er doch eher ein Mann der Tat, ein Herrscher, als einer, der eingehend über Glaubensdinge und theologische Fragen nachdenkt...
Dann schaut er wieder nach oben zur Erschaffung des Adam hinauf. Nein, er weiß es nicht. Aber Michelangelo scheint es zu wissen. Stumm klettert der Papst die Leitern vom Gerüst hinab. „Mein Gott!" denkt er. „Was wird das geben, wenn das gesamte Werk enthüllt wird?"

## 19 Licht und Finsternis
*(Sixtinische Kapelle 1508–1512)*

„Wie lange dauerte es denn jetzt noch bis zur Fertigstellung?" fragte mich mein Bruder Francesco. „Es ging jetzt rasend schnell! Ich kam kaum noch damit nach, den Putz aufzutragen. Nach langem Betteln willigte Michelangelo ein, daß wir noch einen Maurer einstellten, der den Kalk und den Sand mit Wasser mischte. Michelangelo benutzte schon gar keine Entwürfe mehr, nur noch flüchtige Skizzen. Kaum war der Putz glattgestrichen, da begann er auch schon mit schnellen, weitausholenden Strichen die Farbe aufzutragen. Und der Schwung des Malens wurde auf das Bild übertragen. Das siebte Bild zum Beispiel: Erschaffung der Tiere. Da meint man fast, Gott würde gleich das Bild verlassen und von der Decke der Kapelle zu uns herabschweben. Oder noch mehr das achte: Die Erschaffung von Sonne, Mond und Pflanzen."

„Meister, da hast du ja Gott zweimal auf ein und dasselbe Bild gemalt!" meint Maurizio, als Michelangelo nach Vollendung des vorletzten Bildes die Pinsel zur Seite legt. *(Siehe Abbildung 3.)* „Schau genau hin, mein Junge", sagt Michelangelo, und er nimmt Maurizio väterlich in den Arm. „Das Schauen hast du doch jetzt gelernt. Was siehst du? Siehst du wirklich zweimal Gott? Ich sehe nur einen, Maurizio. Nur einen einzigen. Aber ich sehe einen gewaltigen Sturm, in dem der Schöpfer sich durch den Raum bewegt. Und so gewaltig wirkt der Sturm, daß ich in einem Augenblick Gott auf mich zukommen und Gott von mir gehen sehe. Alles in einem Augenblick." – „Aber, Meister, Gott lebt ja! Wird er gleich aus diesem Bild herabsteigen?" – „Ja, Maurizio, Gott lebt. Gott ist das Leben. Keine Angst, er wird nicht herabsteigen. Er ist schon da. In Sonne und Mond ist er da. Im Sturmwind. In der Erde. In dir ist er da. Du bist Adam. Du hast den Funken göttlichen Feuers." Maurizio merkt, daß Michelangelo gar nicht mehr auf seine Frage antwortet. Daß er tief aus seinem Inneren spricht. „So müssen die Propheten gewesen sein", denkt Maurizio. „Wenn sie von Gott gesprochen haben. Und Michelangelo spricht nur selten von Gott. Er malt von Gott."

Nur wenige Tage, und auch das letzte Bild ist vollendet: Es werde Licht! „Im Anfang schuf Gott Himmel und Erde; die Erde aber war wüst und leer. Finsternis lag über der Urflut. Und Gottes Geist schwebte über dem Wasser." Maurizio hört ergriffen zu, als sein Meister am Ende des Tages unter dem letzten, dem neunten Bild die ersten Worte der Heiligen Schrift vorträgt.

Ja, Gottes Geist schwebt im Raum. Er füllt das ganze Bild aus. Gott füllt alles aus. Gottes Geist ist alles.

Wieder macht der Papst einen Besuch auf dem Gerüst. Und er fügt den Worten Michelangelos hinzu: „Und Gott sah, daß alles gut war!" Michelangelo schaut den Papst fragend an. „Ja, Michelangelo, es ist alles gut. Es ist besser, als ich es mir je erträumt habe!" – „Nein, Heiliger Vater, es ist nicht gut. Es ist nicht vollendet. Gott kam, und er kommt. Der Schöpfer kam, und der Richter kommt. Gott wird wiederkommen zum Gericht in all seiner Herrlichkeit." – „Das meinst du, Michelangelo? Das wollen die drei letzten Bilder sagen? Du hast recht! Hoffentlich begreifen alle, die sehen!"

Eine Zeitlang steht der Papst unter dem Schöpfergott wie im Gebet versunken. Dann schaut er lächelnd zu Michelangelo hin: „Michelangelo, sag, wann bist du denn endlich fertig? Wann kann ich der Welt dieses Kunstwerk zeigen?" – „Heiliger Vater, verzeih! Aber wir haben schon so oft gestritten. Laß uns vor Gott in Frieden bleiben! Nur noch eine kurze Zeit – ein paar Wochen noch. Zu Weihnachten, da bin ich fertig." Brummelnd verläßt der Papst die Kapelle.

In diesen Wochen gilt es, die Rahmen zu malen, Säulen und Podeste nehmen Gestalt an. Es ist, als wären sie nicht gemalt, sondern aus Stein geschlagen. Die Decke bekommt eine ganz andere Form. Sie ist nicht mehr das mißglückte, eingedrückte Tonnengewölbe. Vielmehr wirkt sie lebendig, abwechslungsreich, mit Höhen und Tiefen.

Ganz außen herum über die Fenster der Kapelle und in die Flächen, die dreieckig-spitz in die Decke hineinragen (man nennt sie „Zwickel"), malt Michelangelo die Vorfahren Jesu. Dann auf die Podeste zwischen die gemalten Säulen sieben Propheten des Volkes Israel und fünf weissagende Sibyllen des Heidentums. Die Säulen selbst werden gekrönt von kräftigen Jünglingsgestalten: Engel oder Menschen; jedenfalls Wesen, die – ebenso wie die Vorfahren, wie die Propheten und Sibyllen – die Nähe Gottes verkünden.

„Du hast doch mal erzählt, Maurizio, daß du auch an der Decke der Sixtinischen Kapelle gemalt hast", fragte mich mein Bruder Francesco. – „Ja, du hast recht. Aber davon möchte ich lieber nicht sprechen. Es ist zuwenig im Vergleich zu dem, was Michelangelo geschaffen hat." – „Nur keine falsche Bescheidenheit, Brüderchen. Los, erzähl schon!" – „Na ja, den einen oder anderen Rahmen durfte ich schon malen. Manche Verzierungen und Säulen zwischen den Bildern. Auch im siebten Bild – erinnerst du dich – da sind unten in der linken Ecke einige Pflanzen, die durfte ich auch malen." – „Wenn wir mal nach Rom kommen, dann kannst du mir ja zeigen, was du gemalt hast. – Aber sag mal, Maurizio, wann wart ihr denn nun wirklich fertig mit der Kapelle?" – „Ja, Michelangelo hatte dem Papst versprochen: bis Weihnachten! Aber am Tag vor Allerheiligen 1512 ließ er das Gerüst abbrechen."

„Du bist doch schon fertig, Michelangelo?" Der Papst ist in die Kapelle geeilt. Irgendwoher hat er gehört, daß das Gerüst abgebrochen wird. „Du hast mir doch versprochen: Weihnachten ist alles fertig. Und jetzt läßt du schon zu Allerheiligen das Gerüst abbauen. Da soll noch einer wissen, wo er mit dir dran ist! Erst willst du überhaupt nicht malen: ‚Malen ist nicht meine Sache!' hast du gerufen. Erinnerst du dich noch? Dann malst du viel mehr, als ich es

gewünscht habe. Was sage ich – das Fünffache oder Sechsfache hast du gemalt. Dann sagst du mir: ‚Weihnachten ist die Kapelle fertig.' Und kaum habe ich mich umgedreht, da läßt du auch schon das Gerüst abbauen. Ihr Künstler, ihr seid schon eigenartige Menschen!"
Trotz seiner scheinbar kritischen Bemerkungen kann der Papst doch seine Freude nicht verbergen. „Aber sag", Michelangelo, „fährt der Papst fort, „wolltest du nicht noch etwas dunkles Blau und Gold auf das Gemälde auftragen? Ich weiß, daß man diese Farben erst auftragen kann, wenn der Putz und die Farben trocken sind. Aber hattest du das nicht vor?"
„Ja, das ist richtig, Heiliger Vater. Und du kannst sehen: Im ersten Teil der Decke – vom Haupteingang bis zur Mitte – habe ich auch noch Gold und Blau aufgetragen." – „Und warum nachher nicht mehr?" – „Das ist so, Heiliger Vater, je mehr Gestalten aus der Heiligen Schrift ich malte, desto mehr kam ich zu der Überzeugung: Sie sollten kein Gold tragen!" – „Und warum nicht, Michelangelo, das wird doch ärmlich aussehen!" – „Gewiß, Heiliger Vater, das wird ärmlich aussehen. Aber diejenigen, die ich gemalt habe, waren die nicht auch arm?"
Der Papst versteht sehr gut, was Michelangelo meint, und er kann dagegen nichts mehr sagen.
Gleich danach läßt Julius II. alle Glocken läuten, und Boten verkünden in der ganzen Stadt: „Morgen am Allerheiligentag ist in der Sixtinischen Kapelle eine feierliche Papstmesse zur Einweihung des Deckengemäldes von Michelangelo!"
„Zieh deine Sonntagssachen an, Maurizio!" befiehlt Michelangelo am Allerheiligenmorgen seinem Lehrling.

„Gleich beginnt die Papstmesse in der Sixtinischen Kapelle!" Michelangelo selbst war schon in ein prachtvolles Gewand gekleidet. Als Maurizio losgehen will, bleibt Michelangelo zurück. „Kommst du nicht mit, Meister?" fragt Maurizio. „Nein, ich war lange genug an diesem Ort der Qual. So lange, daß ich jetzt noch nicht gerade gehen und klar sehen kann. Ich brauche etwas anderes. Aber du, geh nur, mein Junge!" Und er schenkt ihm einen Golddukaten, damit er nach der Messe gut essen gehen kann: „Zur Feier des Tages!"
Michelangelo wandert hinaus in die Campagna, das Land um Rom. Niemand beachtet ihn unterwegs, niemand erkennt ihn. Dort draußen – in aller Stille – kann er sich erholen von den Qualen der letzten Jahre. Dort draußen weiß er bei einem Steinmetzen einen weißen Marmorblock, der ihm schon lange in die Augen sticht. Stundenlang steht er vor diesem Stein. Er befühlt ihn mit seinen Händen. Seine Augen versuchen, ihn zu durchdringen, wenn der Sonnenstrahl ihn trifft. Dann läßt er sich von den Steinmetzen einen Schlegel und ein Eisen geben. Und schon sprühen die Marmorflocken wie weißer Schnee. „Endlich", jubelt Michelangelo, „endlich wieder Stein!"
Maurizio dagegen geht zum Vatikan und betritt die Sixtinische Kapelle. Bereits zwei Stunden vor Beginn der Papstmesse ist sie bis auf den letzten Platz gefüllt. Alle Künstler Roms und alle Würdenträger der Kirche sind gekommen, um das Wunderwerk, von dem in den letzten Jahren in Rom soviel geredet wurde, zu bestaunen. Die Neugier ist um so größer, weil ja niemand – außer dem Papst – während der Ausmalung die Kapelle hatte betreten dürfen.

Überall in der Kapelle haben sich kleine Gruppen gebildet, die mit leiser Stimme das Kunstwerk diskutieren. „Seht euch das an!" meint Sangallo, einer der Freunde Michelangelos. „Seht ihr den Unterschied zu den Fresken auf den Wänden? Es ist doch erst dreißig Jahre her, daß Botticelli, Ghirlandajo, Perugino und Pinturicchio, Rosselli und Signorelli diese Gemälde geschaffen haben. Drei Jahrzehnte nur! Es ist eine Wende in der Malerei!"
„Da kann man doch genau sehen, daß Michelangelo von hinten über dem Hauptportal begonnen hat. Seht doch nur: die Sintflut: ein Gewimmel von kleinen Menschen. Und im Unterschied dazu das letzte Bild: welch gewaltige Gestalten! Michelangelo hat sich während der Arbeit entwickelt. Ein völlig neuer Malstil ist entstanden."
Das Urteil ist fast einstimmig: „Der Maler Michelangelo steht dem Bildhauer Michelangelo nicht nach."
Aber auch Neider gibt es. Es ist vor allem die Gruppe um Bramante, den Baumeister von Sankt Peter. Sie finden die Bewegung zu unruhig, die Schönheit der Gestalten aufdringlich und die herrliche Farbgebung zu grell. Nur – diese kleinliche Kritik findet kein Gehör. Und bald verstummt sie auch in der großen Begeisterung und Bewunderung.

## 20 Ein Esel der Mächtigen
*(Rom–Florenz–Carrara 1512–1519)*

„Francesco, begreifst du jetzt, warum ich so stolz bin, daß ich Michelangelos Lehrling war?" fragte ich meinen jüngeren Bruder auf einem unserer vielen Spaziergänge

durch unsere Vaterstadt Florenz. „Das ist doch kein Wunder, Maurizio!" stimmte mir Francesco zu. „Wenn ich das Glück gehabt hätte, bei dem großen Erfolg Michelangelos dabei sein zu können, ich glaube, ich würde noch begeisterter von ihm erzählen als du!" – „Ja, Michelangelo hatte mit der Sixtinischen Kapelle bewiesen, daß er nicht nur der größte Bildhauer, sondern auch der größte Maler ist." – „Wie ging das denn jetzt weiter? Michelangelo war doch bestimmt mit seinen Kräften am Ende. Er hat sich doch sicher erstmal länger erholt!" – „Da irrst du dich aber gewaltig! Einen einzigen Nachmittag war er nach der Fertigstellung der Kapelle auf dem Land. Als er zurückkam, brachte er auf einem Ochsenkarren schon wieder einen neuen Marmorblock mit, den er unterwegs gefunden hat. Und – stell dir vor! – er hat sogar schon begonnen, ihn zu behauen – in seinen prächtigen Gewändern! Nein, nein, Francesco, er hatte in seiner Werkstatt drei Marmorblöcke um sich herum aufgebaut. An allen dreien arbeitete er gleichzeitig reihum.
Aber das ging nur ein paar Monate so ungestört. Im Februar 1513 starb Papst Julius II. Und stell dir vor, wer sein Nachfolger wurde? Kein anderer als Giovanni de Medici!" – „Mensch, da war Michelangelo aber fein raus, nicht wahr? Giovanni war doch als Junge zur gleichen Zeit im Palast der Medici, als Michelangelo auch dort lebte? Sie sind doch sozusagen zusammen aufgewachsen?" – „Ja, das hast du gut behalten! Michelangelo wurde auch zur Krönung von Giovanni eingeladen, der als Papst den Namen Leo X. annahm." – „Dann bekam er doch bestimmt sofort neue Aufträge von dem neuen Papst?" – „Nein, der ließ ihn zunächst in Ruhe. Aber dafür wurden die Erben des verstorbenen Papstes Julius ganz schön lästig. Sie

machten richtig Druck auf Michelangelo, damit der endlich das geplante Grabmal fertigstellte. Die ursprünglichen Pläne wurden zwar verkleinert, aber es blieb immer noch soviel übrig, daß Michelangelo wenigstens noch zwanzig Jahre allein an dem Grabmal zu tun hatte." – „Und, hat er?" – „Zunächst ja! Ich sagte ja schon: An drei Figuren arbeitet er gleichzeitig: an einem gefesselten Sklaven und einem sterbenden Sklaven. Und schließlich begann er auch noch die Hauptfigur: einen Mose, der riesig groß werden sollte. Zwischendurch begann er auch noch einen auferstandenen Christus, den er aber wieder zerschlug, weil er ihm nicht gefiel. So ging das über vier Jahre lang. Tag für Tag ohne Pause Arbeit an den Statuen für das Grabmal Julius II." – „Und der neue Papst wollte nichts von Michelangelo wissen?" – „Nein, so war das nicht. Er lud ihn oft genug in den Papstpalast ein. Aber Michelangelo wollte erst das Grabmal fertig haben."

*Michelangelo mio,* jetzt hast du aber lange genug für einen toten Papst gearbeitet!" ruft Papst Leo Michelangelo quer über den Tisch zu, an dem der gesamte päpstliche Hofstaat versammelt ist. „Ab jetzt wirst du für den lebenden Papst arbeiten!" Im Speisesaal des Papstes kann man eine Stecknadel fallen hören. Selbst der päpstliche Hofnarr (so etwas gibt's bei Papst Leo!) wagt nicht mehr zu kauen. Er hat Angst, daß man in der atemlosen Stille etwas hören könnte.
„Unsere Familienkirche in Florenz wartet schon seit vielen Jahren auf eine schöne Fassade. Ich glaube, wir können für San Lorenzo keinen besseren Bildhauer finden als dich, Michelangelo. Und ich glaube, wir können für unse-

ren eigenen Bildhauer Michelangelo keine ehrenvollere Aufgabe finden als die Fassade von San Lorenzo!" Ehe Michelangelo etwas erwidern kann, fährt der Papst fort: „Und in einem Monat, lieber Freund, möchte ich mit dir die ersten Pläne besprechen! *Buon appetito per tutti* – guten Appetit allerseits!"
Dann wendet sich der Papst wieder den erlesenen Speisen zu, als wenn nichts gewesen wäre.
Also: Schluß mit dem Grabmal für Julius II. Wieder einmal! Und mit Volldampf an die Pläne! „Was sind wir Künstler anderes als die Esel der Mächtigen!" klagt er Maurizio sein Leid.
Zwei Monate später legt er dem Papst die fertigen Pläne für die Fassade von San Lorenzo vor. Der Papst ist begeistert. „Ich habe noch einen kleinen Wunsch, Michelangelo!" – „Wie könnte ich dem Heiligen Vater einen Wunsch abschlagen!" – „Der Familie de Medici gehört schon seit Menschengedenken ein Berg in der Nähe von Carrara. Und dieser Berg besteht aus dem herrlichsten, aus dem weißesten Marmor, der jemals gebrochen wurde." – Michelangelo beginnt zu schlucken. Er ahnt, was kommt. „Ja, Heiliger Vater, was ist mit dem Marmor?" – „Was mit dem Marmor ist? Genau diesen Marmor sollst du verwenden für die Fassade unserer Familienkirche!" – „Um Gotteswillen, Heiliger Vater, der Berg hat zwar den Namen des heiligen Petrus, ‚Pietrasanta', aber aus ihm ist noch nie ein Stein gebrochen worden!" – „Dann wird das ja höchste Zeit!" – „Und es gibt überhaupt keine Straße dorthin." – „Dann wird es höchste Zeit, daß eine gebaut wird!" – „Heiliger Vater, wer soll – in Gottes Namen – dies alles machen?" – „Kein Geringerer als du, *Michelangelo mio!*"

Er legt vertraut seinen Arm um Michelangelos Schulter.
„Genau das ist mein Wunsch, mein Freund. Meinst du, ich hätte dich umsonst zum obersten Baumeister, Bildhauer und Maler des Vatikans ernannt?"
Michelangelo ist am Boden zerstört. Ja, auch eine Freundschaft kann teuer zu stehen kommen!

*„Attenzione,* Michelangelo – Vorsicht!" Der tonnenschwere Marmorblock donnert nur einen halben Meter neben Michelangelo zu Tal. So gerade kann der noch zur Seite springen und sich in Sicherheit bringen. Seit zwei Jahren geht das nun so – tagaus tagein.
Michelangelo ist Landvermesser, Straßenbauer, Sprengmeister, Steinmetz und Transportunternehmer in einer Person. Zuerst mußte ein Zugang geschaffen werden zum Monte Altissimo, dem höchsten Berg von Pietrasanta, damit die Steinmetzkolonne Proben vom Stein entnehmen konnte. Gleichzeitig hatten sie mit dem Brechen der Steine angefangen und mit dem Bau der Straße zum Meer.
„Da ist ein wunderbarer Block im Berg", ruft Michelangelo dem Vorarbeiter zu. Die Steinmetzen zeichnen den Block mit Kohle an. Dann werden Holzkeile in die Wand getrieben. Diese werden mit Wasser begossen, damit sie quellen. So treiben sie den Fels auseinander. Wieder neue Keile ein Stück tiefer. Wieder Wasser, und wieder sprengen die Kraft des Wassers und lange Eisenstangen den Spalt ein wenig tiefer. Eine mühsame Arbeit! Aber ein Block nach dem anderen wird so aus der Wand gesprengt und rollt zu Tal. Der herrlichste, der weißeste Marmor, den Michelangelo jemals gesehen hat. Der Papst hatte recht! Das muß Michelangelo zugeben.

Michelangelo ist Landvermesser, Straßenbauer, Sprengmeister, Steinmetz und Transportunternehmer in einer Person. Zuerst muß ein Zugang geschaffen werden zum Monte Altissimo, dem höchsten Berg von Pietrasanta. Gleichzeitig hatten sie mit dem Brechen der Steine angefangen und mit dem Bau der Straße zum Meer.

Meter für Meter dringt die Straße vor in das unwegsame Berggelände. Tiefe Schluchten müssen aufgefüllt, hindernde Felsen müssen abgetragen werden. Dann: zwischen Pietrasanta und dem Meer ein Sumpfgelände. Tonnen von Erdreich verschlingt der Sumpf. Die Arbeit scheint kein Ende zu nehmen. Wenn sie gerade ein Loch zugeschüttet haben, bricht direkt daneben der Boden wieder ein. Es ist zum Verzweifeln: Vor dem Berg stapeln sich die Marmorblöcke; im Meer warten die gemieteten Schiffe. Aber die Straße will nicht gelingen. Zu allem Unglück hat Papst Leo seit fast einem halben Jahr kein Geld mehr geschickt. Zuerst bezahlt Michelangelo die Arbeiter von seinem eigenen Geld. Doch auch das geht zu Ende. Der Bildhauer schreibt an den Papst, er sendet einen Boten nach Rom. Ohne Erfolg. Dem Papst dauert die ganze Sache zu lange. Zudem hat er wieder einen Krieg zu führen, der eine Menge Geld kostet. Darüber hat er den Bildhauer im fernen Pietrasanta längst vergessen – so wie ein Kind ein Spielzeug vergißt, das langweilig geworden ist.

Ein Arbeiter nach dem anderen verläßt den Steinbruch und den Straßenbau. Ist es ihnen zu verdenken? Michelangelo kann ihnen keinen Vorwurf machen. Unter schlimmsten Bedingungen und ohne Lohn, wer will das lange mitmachen?

Als nur noch wenige Arbeiter in Pietrasanta sind, gibt Michelangelo auf. Er schickt sie nach Hause und geht auch selbst nach Florenz zurück.

Wie ausgehungert stürzt er sich auf den Marmor, der in seiner Werkstatt wartet. Zwei Jahre hat er als Straßenbauer, Steinbrecher und Transportunternehmer vertan, während hier seine Statuen für das Grabmal von Papst Julius auf ihn warten. Er schafft einen Sieger und beginnt die Arbeit an vier weiteren Sklaven. Zwischendurch wagt er sich noch einmal an den auferstandenen Christus, der diesmal gelingt.

Endlich, im Jahr 1520, kommt der Papst nach Florenz. „Michelangelo, es tut mir leid. Aber du hattest recht!" versucht er Michelangelo zu trösten. „Wir hätten das mit Pietrasanta erst gar nicht beginnen sollen." Michelangelo schaut den Papst mit großen Augen an. „Ja, schau mich nur so erstaunt an! Du hast recht! Im übrigen", fährt der Papst ohne Unterbrechung fort, „die Fassade von San Lorenzo kann warten. Wir möchten jetzt lieber eine Grabkapelle neben unserer Familienkirche." – „Aber, Heiliger Vater, ich habe doch einen Vertrag mit den Erben von Papst Julius. Das Grabmal muß endlich fertig werden!" – „Das laß mal meine Sorge sein! Mit den Erben meines Vorgängers werde ich schon fertig. Bist du deren Freund, Michelangelo, oder bist du ein Freund der Medici? Du mußt dich entscheiden!" Was bleibt da Michelangelo noch zu entscheiden? Die Feindschaft der Medici ist das letzte, was er sich zur Zeit leisten kann. Schließlich sind die Medici im Augenblick wieder die mächtigste Familie in Italien. Dazu kommt die Zuneigung, die er immer noch dieser Familie gegenüber empfindet. Nein, für eine Entscheidung bleibt Michelangelo nicht viel Raum!

## 21 Christus ist auferstanden
*(Florenz 1519–1520)*

„Und du, Maurizio, was hast du eigentlich die ganze Zeit getrieben, als Michelangelo dort in den Bergen von Pietrasanta arbeitete?" fragte mich mein Bruder Francesco. „Ich? Ja, ich habe Michelangelo oft genug gebeten, mich dorthin mitzunehmen. Aber er hat es abgelehnt. Dreimal habe ich ihn in seiner Hütte am Berg besucht. Aber: Nein! ‚Das ist hier nichts für dich, Maurizio', sagte er immer wieder. Und da gab es keine Widerrede. Die Sache war für ihn erledigt. ‚Wenn ich wieder nach Florenz zurückkomme, dann kannst du mir auch wieder helfen.'" – „Und wo warst du die zwei Jahre?" – „Weißt du das denn nicht mehr? Du hast aber ein schlechtes Gedächtnis! Diese Zeit war ich doch zu Hause! Na ja, du warst damals erst zwölf oder dreizehn Jahre alt. Ist schon gut möglich, daß du dich nicht mehr so gut erinnerst." – „Und als er nach Florenz zurückkam?" – „Ja, da stand ich schon am nächsten Morgen an seiner Tür. Und dann begann es wie in alten Zeiten. Vier, manchmal fünf und sechs Marmorblöcke gleichzeitig hatte Michelangelo um sich herum stehen. Wie in einem Rausch bewegte er sich mit Schlegel und Eisen zwischen den verschiedenen Statuen hin und her. Ich hatte genug damit zu tun, die Marmorstücke und Splitter und den Marmorstaub aus der Werkstatt zu entfernen, den er wie Schnee durch die Gegend wirbelte."
Wir waren auf unserem Spaziergang wieder einmal auf der Piazza Signoria angekommen. Irgendwann kommt man in Florenz bei jedem Spaziergang auf diesen Platz, da kann man machen, was man will. „Laß uns doch mal eben

in den Palazzo Vecchio hineinschauen!" forderte ich Francesco auf. Da können wir uns den Sieger ansehen, den Michelangelo in dieser Zeit begonnen hat." – „Und was ist mit den Sklaven?" – „Die vier Sklaven, die stehen immer noch unvollendet in der Accademia. Letzten Monat waren wir doch noch dort." – „Ach ja, jetzt erinnere ich mich. Es gibt ja soviel hier in Florenz, das an Michelangelo erinnert, daß man schon mal manches vergißt. Aber was ist denn mit dem auferstandenen Christus?" – „Ich habe dir doch schon erzählt, daß Michelangelo in Rom eine solche Figur versucht hat. Damals gefiel sie ihm nicht, und da hat er sie zerschlagen. Jetzt, in Florenz, erinnerte er sich wieder an diesen Auftrag, den ihm ein Domherr von Sankt Peter erteilt hatte. Und da stellte er in seine Werkstatt neben die fünf Blöcke, die er gerade in Arbeit hatte, eben noch einen sechsten."

„Einen lebensgroßen Christus aus Marmor, aufrecht stehend mit einem Kreuz im Arm." So steht es im Vertrag, den Michelangelo bereits vor sechs Jahren in Rom abgeschlossen hat. Damals hat er sich auch sofort an die Arbeit gemacht. Fast war die Statue fertig, da hatte er eine schwarze Ader mitten im weißen Marmor des Gesichts entdeckt. Die ganze Arbeit war umsonst, die Begeisterung dahin.
Erst jetzt, nachdem die Auftraggeber ihn wiederholt gemahnt hatten, geht er von neuem ans Werk. Es ist nicht allzu schwer. Die Figur hat Michelangelo in allen Einzelheiten vor Augen. Er sieht sie auch schon in dem Marmorblock. Sie wartet auf ihre Befreiung aus dem Stein.
Fast scheint es, als suche Michelangelo Schwierigkeiten,

um zu zeigen, daß er sie überwinden kann. Wie in einer Schraubenbewegung dreht sich der Körper des Auferstandenen über den Beinen nach rechts. Der Kopf geht wieder nach links. Der linke Arm, den Michelangelo quer über den Oberkörper gehen läßt, schafft das Gleichgewicht. Keine steife Statue gestaltet der Bildhauer, sondern einen lebendigen Christus. Er ist aus dem Grab auferstanden zu neuem Leben. Dieses neue Leben wird an allen Fasern des Körpers sichtbar. Hier zeigt sich, daß Michelangelo wirklich der Meister ist. Er erlaubt der Figur, frei ihre Glieder zu gebrauchen. Man meint, Christus würde jeden Augenblick wieder in die Welt schreiten. Mit dem Siegeszeichen des Kreuzes in der Hand, um den Menschen die Botschaft von der Auferstehung zu verkünden. An dieser Statue zeigt sich auch, daß Michelangelo in seiner Jugend jahrelang den menschlichen Körper studiert hat. Jeder Muskel, jede Faser, jede Sehne ist in der Bewegung des ganzen Körpers sichtbar und verleiht ihm Leben.

„Meister", fragt ihn Maurizio, als er helfen muß, die Statue für den Transport nach Rom zu verpacken, „so willst du deinen Christus nach Rom geben? Er ist doch noch gar nicht fertig!" – „Man merkt doch, daß du schon eine Menge bei mir gelernt hast, Maurizio! Du hast recht: der Christus ist noch nicht ganz fertig. Das ist Absicht. Erstens kann es beim Transport noch Beschädigungen geben, weißt du. Die Ochsenkarren nach Rom, die wackeln ganz erbärmlich. Und ab und zu geht auch mal ein Rad zu Bruch. Da ist es besser, wenn die letzten Arbeiten erst in Rom gemacht werden. Und zweitens: Ich weiß hier überhaupt nicht, wie das Licht auf die Statue fallen wird. Sie soll ja in der Kirche Santa Maria sopra Minerva aufgestellt werden. Und das ist eine Kirche, wie es sie sonst nur in nordischen Ländern gibt, mit hohen Fenstern." – „Ich weiß, Meister, man nennt sie ‚gotisch'. Es ist die einzige gotische Kirche Roms. Da ist doch das Grab der heiligen Katharina von Siena." – „Gut, mein Junge, dann weißt du auch, wie ganz anders dort Licht und Schatten sind. Und auch deshalb kann die letzte Bearbeitung dieser Statue erst in Rom geschehen." – „Dann fahren wir nach Rom, Meister? Soll ich schon vorfahren und die Wohnung herrichten?" – „Nein, Maurizio. Das ist alles schon geregelt. Einer von den Bildhauern, die uns die letzte Zeit dort beim Grabmal geholfen haben, weiß schon Bescheid. Er wird der Statue in Rom an Ort und Stelle den letzten Schliff geben." – „Glaubst du, daß das gutgeht, Meister? Wird er nicht vielleicht mehr verderben?" – „Das wollen wir nicht hoffen!"

Einige Zeit später bekommt Michelangelo einen Brief von einem Freund aus Rom. „Es ist alles verdorben", schreibt der. „Dein Bildhauer hat deine ganze Christusstatue verunstaltet."

Und er beschreibt alle Stellen an der Statue, die verdorben sind: „Die Hand, die das Kreuz hält, der Bart, ein Fuß... was sollen wir nur machen?"

Ein anderer Bildhauer in Rom wird beauftragt, die Schäden zu beseitigen. Die Auftraggeber sind danach zufrieden. Nur Michelangelo nicht. Bis zu seinem Lebensende ist er nicht zu bewegen, sich seinen auferstandenen Christus in Rom einmal anzusehen.

## 22 Die Gruft der Medici
*(Florenz 1520–1534)*

„Was wurde denn aus der Grabkapelle, die Michelangelo für Papst Leo schaffen sollte?" fragte mein Bruder Francesco. „Du kannst aber auch fragen", antwortete ich. „Da hast du sie direkt vor der Nase und stellst solch dumme Fragen!" Auf einem unserer Spaziergänge waren wir nach San Lorenzo gekommen. Dort gibt es einen Anbau, die sogenannte *„sagrestia nuova"* – die neue Sakristei. Auf der anderen Seite der Kirche hatte Brunelleschi vor Jahren die alte Sakristei gebaut. Deshalb wohl der Name.
„Ja, was ist jetzt?" drängte Francesco auf eine Antwort. „Du hast erzählt, daß der Papst die neue Fassade für San Lorenzo nicht mehr haben wollte. Jetzt wollte er eine Grabkapelle für die Familie Medici. Wann hat Michelangelo damit begonnen?"
„Es fiel ihm schwer genug, sich von den Statuen für das Julius-Grabmal zu trennen. Eines Abends fand ich Michelangelo allein in der Werkstatt. Und ich konnte genau sehen, daß er geweint hatte. So nah ist ihm die ganze Sache gegangen. – Aber – was blieb ihm anderes übrig? Wollte er ein Freund der Medici bleiben, dann mußte er sich ihren Wünschen beugen. Er zeichnete Pläne für die Kapelle. Und die Medici waren davon begeistert. Bereits 1519 hatte man damit begonnen, Häuser, die zu nahe an San Lorenzo standen, abzubrechen. Damit schuf man Platz für die neue Kapelle. Schon ein Jahr später stand der Bau – er war aus *pietra serena,* das ist ein bläulich-grauer Sandstein hier aus der Nähe von Florenz. Du kannst es ja selbst sehen! Ein Jahr später hatte Michelangelo schon

mit den Innenarbeiten begonnen. Dann wurde er wieder aufgehalten."

Die Glocken aller Kirchen von Florenz läuten den Totengesang für Leo X. „Der Papst ist tot", eilt der Ruf durch die Gassen der Stadt. Was soll jetzt werden mit Florenz, wenn es den mächtigen Beschützer der Stadt nicht mehr gibt? „Was soll jetzt werden mit der Grabkapelle der Medici, wo doch der Auftraggeber gestorben ist?" fragt sich Michelangelo beunruhigt. „Wir haben doch noch genug Arbeit, Meister!" tröstet ihn Maurizio. „Gehen wir doch wieder an die Statuen für das Grabmal des Papstes Julius. Ich war gestern noch in der Werkstatt: Die Statuen warten auf Schlegel und Eisen."
Michelangelo kann sich trotz seiner Trauer und trotz seiner Beunruhigung ein Lächeln nicht verkneifen. „Ja, natürlich, Maurizio, du hast ganz recht! Arbeit haben wir genug!"
Nicht einmal ein Jahr dauert diese erzwungene Pause. Papst Hadrian, ein Holländer – der letzte Nichtitaliener auf dem Papstthron übrigens für vierhundertfünfzig Jahre – stirbt schon 1523. Sein Nachfolger wird wieder ein Medici. Er wählt den Papstnamen Klemens VII.
Wieder läuten in Florenz die Glocken. Diesmal zum Jubel, nicht zur Trauer. Schon am Tag nach der Wahl läßt Papst Klemens an Michelangelo den Befehl übermitteln, an der Grabkapelle der Medici weiterzuarbeiten. Zum ersten Mal ist Michelangelo nicht nur als Bildhauer, sondern auch als Baumeister tätig. Der Gesamtplan der Kapelle, die Innengestaltung, eine große Zahl von Statuen – über Langeweile kann Michelangelo wahrhaftig nicht klagen. Aber

gleichzeitig beginnt in Florenz auch ein großes Durcheinander: ein Aufstand gegen die Medici, Belagerungen durch päpstliche Truppen. Zeitweilig flieht Michelangelo nach Venedig. Immer wieder arbeitet er heimlich an der Grabkapelle von San Lorenzo.
1534 geht er nach Rom; die meisten Statuen der Kapelle bleiben unvollendet liegen. Ein Wunder, daß er bei diesem Hin und Her überhaupt noch soviel hat schaffen können.

„Und was hast du die ganzen Jahre getrieben, Maurizio?" fragte mich Francesco, als wir gerade die Grabkapelle verlassen wollten. „Das kann ich dir sofort zeigen." Von einem der Wächter, den ich gut kannte, holte ich mir einen Schlüssel. Dann führte ich meinen Bruder in einen Seitengang der Kapelle hinein. Am Ende kamen wir an eine Tür, die ich mit dem Schlüssel öffnete. Es ging eine schmale Wendeltreppe hinab, und schon befanden wir uns unter der Kapelle. „Hier in diesem Keller versteckte sich Michelangelo während des Aufstandes gegen die Medici. Siehst du da die Zeichnungen an den Wänden?" – „Ja, und? Ich hab dich gefragt, was du in den Jahren getrieben hast?" ließ Francesco nicht locker. „Ja, was meinst du denn, wovon Michelangelo hier gelebt hat? Jeden Tag mußte ich mich zweimal hierher schleichen – einmal vor Sonnenaufgang und einmal nach Sonnenuntergang – und ihm Lebensmittel bringen. Sonst wäre er glatt verhungert. Ab und zu brachte ich ihm auch neue Eisen; denn nachts arbeitete Michelangelo doch in der Kapelle hier über uns an den Statuen weiter." – „Mensch, das hätte ich nie geahnt", staunte Francesco. „Ich hätte nie vermutet, daß ich solch einen mutigen Bruder habe."

# 23 Das Jüngste Gericht
*(Rom 1534-1541)*

„Und dann, Maurizio, dann bist du mit Michelangelo nach Rom gegangen?" – „Ja, natürlich", antwortete ich meinem Bruder, „wer hätte denn sonst Michelangelo versorgen sollen? Und im übrigen wollte ich ja noch eine Menge lernen." – „In Rom dann konnte Michelangelo wieder in Ruhe arbeiten?" – „Ja, aber nur kurze Zeit. Denn bald nach unserer Ankunft starb Papst Klemens, und sein Nachfolger wurde Paul III. Sofort nach seiner Wahl ließ er Michelangelo zu sich rufen. Und weißt du, was er ihm sagte?" – „Nein, woher soll ich das denn wissen? Du wirst es mir schon erzählen!" – „Ja, also, er sagte: ‚Michelangelo, meinen Vorgänger Julius hast du für alle Ewigkeit berühmt gemacht durch die Deckengemälde in der Sixtinischen Kapelle. Meinen Vorgängern Klemens und Leo hast du für alle Zeiten ein Denkmal gesetzt durch die Grabkapelle der Medici in Florenz. Ich wünsche mir, daß du nun auch für mich ein großes Kunstwerk schaffst.' Michelangelo antwortete: ‚Heiliger Vater, ich muß doch das Grab für Julius II. endlich fertig machen! Seit dreißig Jahren arbeite ich nun daran, und immer wieder kommt etwas anderes dazwischen!' – ‚Michelangelo *mio,* ich ernenne dich hiermit zum obersten Bildhauer, Maler und Baumeister des Vatikans. Julius II. hat in der Sixtinischen Kapelle sein Denkmal bekommen. Jetzt malst du für mich die Altarwand meiner Kapelle!' Michelangelo wagte noch einmal einzuwenden: ‚Aber das Grabmal, Heiliger Vater!' Der Papst antwortete nur: ‚Wir werden sehen!' Und damit war Michelangelo entlassen."

Am Abend des gleichen Tages klopft es an der Tür von Michelangelos Werkstatt. Zwei riesige Hauptleute von der Schweizergarde treten ein. „Meister Michelangelo", sagen sie, „morgen früh um zehn Uhr wird Euch der Heilige Vater einen Besuch abstatten!"
„Zioooo... – Zio!" Die Stimme Michelangelos hallt in jeden Winkel der Wohnung. „Zio" nannte Michelangelo seinen Lehrling Maurizio nur, wenn er ganz aufgeregt war oder wenn irgendwo die Suppe anzubrennen drohte. Maurizio läßt alles stehen und liegen und läuft zu seinem Meister. „Ja, Meister, was ist los?" – „Morgen kommt der Papst." – „Wer, der Papst?" – „Ja, kannst du nicht hören: Papst Paul kommt hierher in die Werkstatt!" – „Wohin??" – „Hierher in unsere Werkstatt!" – „Und was will er hier?" – „Ja, wenn ich das wüßte, Maurizio, dann ging es mir auch besser." – „Aber, was muß ich denn da machen?! Wie muß ich mich benehmen? Ich habe einen Papst doch bisher nur in einem Gottesdienst gesehen in Sankt Peter." – „Ich wollte, ich hätte in meinem Leben die Päpste auch nur in Gottesdiensten gesehen! Dann wäre mir manches erspart geblieben!" kann sich Michelangelo nicht verkneifen. „Aber, jetzt im Ernst: Wir müssen das Haus aufräumen und ein paar Getränke und Gebäck besorgen!"
In zehn Minuten gleicht das Haus einem Ameisenhaufen. Maurizio hat alle seine Freunde zusammengeholt, und gemeinsam reinigen sie das Haus und vor allem die Werkstatt Michelangelos.
Punkt zehn Uhr am nächsten Morgen ist auf dem Platz vor dem Haus große Aufregung. Die Schweizergarde zieht auf. Dann erscheint der Papst mit einem großen Gefolge von Kardinälen und Kammerherren. Michelangelo emp-

5 „Engel ohne Flügel"
Das Jüngste Gericht, Detail: Engel mit dem Kreuz
*(siehe S. 131–134)*

6 Das Jüngste Gericht
 *(siehe S. 135–143)*

7 Grabmal Julius II., Detail: Mose ▷
 *(siehe S. 147–151)*

8 Die Kreuzabnahme
*(siehe S. 151–155)*

fängt Paul III. am Eingang und geleitet ihn in die Werkstatt. „Wo sind die Statuen für das Grabmal meines Vorgängers Julius?" fragt der Papst kurz. Michelangelo zeigt ihm den gewaltigen Mose und die beiden Sklaven. Stumm stehen der Papst und die Kardinäle vor den eindrucksvollen Statuen. Ein Kardinal wagt, das Schweigen zu brechen: „Heiliger Vater, es reicht!" sagt er nur. „Ja", wendet sich Papst Paul an Michelangelo, „Michelangelo, es reicht! Dieser Mose allein ist mehr als genug für das Grabmal eines Papstes. Dazu kommen noch die beiden Sklaven. Das ist viel mehr als genug!" Der Papst dreht sich zu einem seiner Kardinäle um: „Und Sie klären alles mit den Erben von Papst Julius! Sie sollen mit diesem Mose zufrieden sein. Oder sie bekommen nichts! Sag ihnen, daß Meister Michelangelo ab jetzt für Papst Paul arbeitet!" Danach zieht sich der Papst mit seinem Gefolge zurück.

Es bleibt Michelangelo nichts anderes übrig, als sich von nun an nur noch um die Altarwand der Sixtinischen Kapelle zu kümmern.

„Das Jüngste Gericht!" hat sich der Papst gewünscht. Und Michelangelo kann nicht bestreiten, daß dieses Thema als Fortsetzung der Schöpfungsgeschichte an der Decke der Kapelle sinnvoll ist. Schließlich hat er selbst erklärt: „Die drei Bilder über dem Altar: Gott trennt das Licht vom Dunkel; Gott erschafft Sonne, Mond und die Pflanzen; Gott schwebt über den Wassern: Diese Bilder sind nicht nur Abbildung der Schöpfung. Sie sind gleichzeitig Hinweis darauf, daß Gott wiederkommen wird zur Erfüllung im Gericht. So wie alles aus Gott geworden ist, wird auch alles in Gott vollendet." Monatelang arbeitet Michelangelo nun an den Entwürfen. Über dreihundert Figuren zeich-

net er nach der Erinnerung und nach lebenden Modellen. Die Werkstatt gleicht oft einem Bienenhaus. Dann beginnt er das Gesamtbild zu komponieren, wie ein Musiker ein Lied komponiert. In der Mitte Christus als Richter. Um ihn herum die vielen Menschen in verschiedenen Kreisen. Rechts von Christus die Geretteten, die in einer Kreisbewegung nach oben schweben. Links von ihm die Verdammten, die sich in die Hölle bewegen. Als die Kartons mit den Entwürfen in Originalgröße fertig sind, ist in der Werkstatt kaum noch soviel Platz, daß man sich drehen könnte.
Die Altarwand der Sixtinischen Kapelle ist in einem sehr schlechten Zustand. Unten über dem Altar gibt es zwei Fresken von Perugino, die aber durch Risse im Putz und durch den Qualm der Altarkerzen zerstört sind. Die ganze Wand ist im Laufe der vielen Jahre von Schmutz und Qualm und Ruß verunstaltet. Ganz oben befinden sich zwei Bilder aus dem Deckengemälde von Michelangelo selbst. Auch sie sind sehr verschmutzt und haben schon Schimmel angesetzt von der Feuchtigkeit. Dazu befinden sich noch zwei Fenster in der Wand, die verschlossen werden müssen.
„Meister, willst du die Bilder von Perugino zerstören?" fragt ihn Maurizio.
„Bestimmt nicht gerne, mein Sohn! Aber sie sind schon in einem solch schlechten Zustand. Und im übrigen: Ich opfere ja auch zwei von meinen Bildern. Da kann mir keiner den Vorwurf machen, ich hätte etwas gegen Perugino!"
Vor die gesamte Altarwand wird eine neue Mauer hochgezogen. Sie bekommt eine leichte Neigung zum Kapellenraum hin. So versucht Michelangelo zu verhindern, daß

sich in Zukunft soviel Schmutz und Ruß auf der Wand absetzt.

„Und morgen werden wir mit dem ‚Jüngsten Gericht' beginnen, Maurizio. Schlaf gut, damit du für diese Arbeit gut ausgeruht bist!" verabschiedet sich Michelangelo tief in der Nacht von seinem Lehrling.

## 24 Engel ohne Flügel
*(Rom 1534–1541)*

„Auch wenn dein Meister Michelangelo vor über vierzig Jahren nur ungern zu Ghirlandajo in die Malerlehre ging, so war er doch nachher bestimmt dankbar für alles, was er damals gelernt hat!" meinte mein Bruder Francesco, als ich ihm von dem neuen Auftrag erzählte. „Klar doch!" stimmte ich ihm zu. „Woher hätte er sonst wissen sollen, wie man dem Mörtel für ein Fresko die richtige Mischung gibt? Wie feucht der Putz aufgetragen werden muß, damit die Farben sich auch gut mit ihm verbinden. Und überhaupt die Farben: Das ist eine Wissenschaft für sich. Wo bekommt man die besten her? Für das leuchtende Ultramarinblau gab es in Rom nur einen einzigen Hersteller. Und das war ein Mönch in der Abtei San Alessio. Dann mußten die Farben in einem Mörser zerstoßen und fein zerrieben werden. Dann die richtige Mischung! – Michelangelo hat mehr als einmal gesagt: ‚Gott sei Dank, daß ich das alles bei Ghirlandajo gelernt habe!'" – „Mir hast du mal erzählt, Maurizio, daß Michelangelo aber auch ziemliche Schwierigkeiten hatte, damals in der Malerlehre. Da war doch die Sache mit den Engeln in Santa Maria Novel-

la." – "Ach, die Engel ohne Flügel! – Ich hab da eine Idee, Francesco. Nach Santa Maria Novella ist es von hier aus gar nicht weit. Da können wir uns das ja mal ansehen."
Das ging schnell. Zunächst die Via de Tornabuoni hinauf, dann nach rechts in die Via della Scala hinein, und bald darauf standen wir schon vor der Kirche, in der Michelangelo seine ersten Malversuche gemacht hat. "Siehst du, dort oben im Gewölbe des Chorraums! Da sind die Engel, die Michelangelo gemalt hat!" – "Ja, wahrhaftig! Sie sind ohne Flügel gemalt!" – "Ghirlandajo hat damals wenigstens genauso gestaunt wie du. ‚Engel ohne Flügel, die gibt es nicht!' hatte er erschrocken gerufen, als er die Figuren das erste Mal sah. ‚Glaubst du denn nicht an die Heilige Schrift?' ‚Natürlich glaube ich an die Heilige Schrift, Meister', hatte der Lehrling Michelangelo geantwortet. ‚Und dort steht auch geschrieben, daß Engel Flügel haben. Aber es steht dort nicht, wie solche Flügel aussehen, aus was sie sind. Ich weiß einfach nicht, wie ich sie machen soll. Ich versuche, die Engel so zu malen, daß man es ihnen ansieht.' – ‚Was ansieht?' – ‚Ja, daß es Boten Gottes sind. Das soll man ihnen ansehen – auch ohne Flügel!' Und dabei blieb es dann. Diese Geschichte mit den Engeln erzählte mir Michelangelo, als wir gemeinsam zur Sixtinischen Kapelle gingen, um das Fresko vom Jüngsten Gericht zu beginnen."

"Meister, hat denn das Jüngste Gericht auch mit Engeln zu tun?" fragt Maurizio neugierig. "Aber selbstverständlich! In der Geheimen Offenbarung des Johannes steht über das Jüngste Gericht (ich kann's auswendig!): ‚Und ich sah: Sieben Engel standen vor Gott; ihnen wurden sieben Posaunen gegeben... Und die sieben Engel machten sich bereit, die sieben Posaunen zu blasen.'" – „Werden wir dann heute Engel malen, Meister!" – „Darauf kannst du dich verlassen, *caro mio* – mein Lieber! Und nicht nur heute. Ich denke, die nächsten Wochen werden wir uns ausschließlich mit Engeln beschäftigen. Zunächst ganz oben im Bild, auf dem Engel das Kreuz in den Himmel tragen. Nebenan rechts werden Engel die Geißelsäule tragen. Später dann – direkt unter Christus dem Richter – da haben die Engel ihren Platz, die mit ihren Posaunen das Gericht ankündigen." – „Und alle Engel ohne Flügel?" – „Alle Engel ohne Flügel!" Und mit lachenden Augen fügt er hinzu: „Oder siehst du etwa an mir Flügel?" Maurizio ist sprachlos. „Wieso...", stottert er, „wieso sollst du Flügel haben, Meister? Du bist doch kein Engel!" – „War ja nur ein Scherz, Maurizio. Das fiel mir nur gerade ein, weil ich ja auch den Namen eines Engels trage: ‚Michel – angelo' – ‚Michael – Engel'." Maurizio muß laut über den Spaß lachen. Ist ja auch selten genug, daß Michelangelo einen Scherz macht.

In der Kapelle ist das Gerüst schon aufgebaut, als die beiden hineinkommen. Sand, Kalk, Marmorstaub und Wasser stehen für den Mörtel bereit. Farben, Pinsel und Gefäße haben fleißige Helfer auf einen Tisch gestellt. Es ist alles bestens vorbereitet. Die Arbeit kann sofort beginnen. Gemeinsam mit Michelangelo verputzt Maurizio die obersten Flächen der Wand. Dort, wo die beiden Engelgruppen mit dem Kreuz und der Geißelsäule Platz finden sollen. Nachdem der Putz aufgetragen ist, hält der Lehrling die Kartons mit den Entwürfen gegen die Wand, während der Meister mit einem Elfenbeinstift die wichtigsten Linien als Punkte durch den Karton drückt. Auf die Löcher schlägt er dann mit einem kleinen Beutel, in dem sich Ruß befindet. Nachdem Maurizio den Karton entfernt hat, verbindet Michelangelo die Punkte mit Ockerfarbe zu Linien. Dann greift er zu Pinsel und Farbe. In der gleichen Zeit beginnt Maurizio schon mit dem Verputzen der nächsten Fläche.

Im linken oberen Halbrund sieht man eine Schar von Engeln das Kreuz halten. Nein, das ist falsch. Eher hat man den Eindruck: Das Kreuz zieht diese Engel hinauf in den Himmel. Das sind keine bewegungslosen Zeugen der Kreuzigung. Sie werden mitgerissen von dem, was da geschehen ist. Und genauso ist es auch bei den Engeln, die die Dornenkrone tragen. *(Siehe Abbildung 5.)*

Michelangelo ruft Maurizio herbei. „Sieh mal, Maurizio. Meinst du, diese Engel bräuchten Flügel?" – „Nein, Meister. Ich glaube nicht. Wer hier nicht sieht, daß das Boten Gottes sind, dem würden auch Flügel nichts nützen!"

Noch mehr Bewegung ist in dem rechten oberen Bild, in dem die Engel mit der Geißelsäule und der Lanze förmlich nach oben gerissen werden.

„Wirklich", meint Maurizio, als auch das zweite Bild fertig ist, „zuerst denkt man, die Engel müßten die schwere Säule nach oben tragen. Erst wenn man genau und lange genug hinsieht, dann entdeckt man: Es ist ja ganz anders. Die Säule trägt die Engel." – „Das ist gut beobachtet", freut sich Michelangelo. „Und es stimmt auch! Das Leiden unseres Herrn hat die Kraft, alles in den Himmel zu ziehen." – „Ist das die Erlösung?" – „Ja, das ist die Erlösung." – „Warum denn dann noch ein Gericht, Meister?" – „Warte ab, mein Junge! Alles zu seiner Zeit!"

# 25 Der „schreckliche" Richter
*(Rom 1534–1541)*

Allzulange braucht Maurizio nicht auf eine Antwort auf seine Frage nach dem Gericht warten. Während Michelangelo an der Darstellung der Engel mit der Geißelsäule malte, hat sein Lehrling bereits den Putz aufgetragen.
„Zio, wo bleibst du denn mit dem Mörtel? Mach endlich fertig. Ich will weitermalen!" Ungeduldig hallt die Stimme des Meisters durch die Kapelle. Nun sind die beiden schon über zwei Jahre in der Kapelle. Und wie jeden Tag hockt Michelangelo auch heute auf dem Gerüst vor der riesigen Altarwand. Manchmal kommt er zwölf oder vierzehn Stunden nicht vom Gerüst herunter. Dann muß Maurizio ihm sogar das Essen nach oben bringen. Ab und zu ist es sogar vorgekommen, daß er – vollständig angezogen – die Nacht über auf dem Gerüst geschlafen hat.
„Zio, nun mach doch endlich!" Wieder reißt Maurizio die Stimme des Meisters – diesmal noch ungeduldiger – aus seinen Gedanken. Wenn er ihn „Zio" – was, wie schon gesagt, eigentlich „Onkel" heißt – ruft, dann ist das immer ein schlechtes Zeichen. Und er benutzt diesen Namen meist dann, wenn sein Gehilfe wieder einmal träumt oder zu langsam ist.
„Meister, ich bin schon da!" Maurizio klettert schnell noch die letzten Sprossen hinauf, den Trog mit Mörtel auf der Schulter. Michelangelo ist mit den Farben schon fast an der Stelle angekommen, auf die nun der Mörtel aufgetragen wird. Diesmal ist es eine ganz gewaltige Gestalt. Maurizio wird die Leitern noch oft hinauf und hinunter müssen, bis die ganze Gestalt Platz findet.

Schon ein paarmal hat Maurizio versucht, Michelangelo zu fragen, wie er denn das „Jüngste Gericht" darstellen will. Aber das hatte keinen Sinn gehabt. Michelangelo ist dafür bekannt, daß er nicht viel Worte macht. Manchmal vergehen mehrere Tage, ohne daß er auch nur ein Wort spricht. Niemand darf die Kapelle betreten. Nur der Papst selbst hat noch einen Schlüssel.

Als Maurizio zum werweißwievielten Mal das Gerüst hinaufkommt, läßt er seinen Mörteltrog vor Schreck fast fallen. Er sieht einen riesigen Mann, der drohend seine rechte Hand erhebt. Den linken Arm hält er abwehrend vor sich hin. Die gesamte Haltung des Mannes ist drohend. Das linke Bein ist etwas vorgesetzt. So, als wolle er auf Maurizio zukommen. „Das ist Christus?" fragt Maurizio verstört. „Ist das der Richter?" „Ja", antwortet Michelangelo, „er wird ein schrecklicher Richter sein!" Und als er die Angst im Gesicht seines Gehilfen sieht, fügt er hinzu: „Aber du mußt keine Angst haben, Maurizio! Jeder Mensch spricht sein Urteil selbst. Das Gericht beginnt immer schon mit der Tat!" Der junge Mann versteht nicht. „Schau dort. Zur Rechten von Christus, da ist Maria! Siehst du? Natürlich hat sie auch Angst, aber ihr Vertrauen zu Jesus ist größer. Würde sie sich sonst so eng an ihn schmiegen? So, als wenn sie bei ihm Schutz sucht!"

Das ist wahr! Da kann der Gehilfe dem Meister nicht widersprechen. Maria ist der Beweis.

Als Michelangelo den nächsten Teil des Bildes zu Füßen des Richters fertiggestellt hat, kann Maurizio sich die Frage nicht verkneifen: „Ach so, Meister, da sind ja endlich die sieben Engel mit ihren Posaunen und ohne Flügel! Ist es nun genug mit den Engeln?" – „Nein, nein – Engel wird es überall geben. Nicht nur im Himmel! Du wirst es erleben!" Die Gerichtsengel machen den Richter noch drohender, meint Maurizio festzustellen. Aber – er wird abwarten müssen, wie das gesamte Bild wirken wird.

## 26 Mit dem Rosenkranz in den Himmel
*(Rom 1534–1541)*

„Was ich immer schon mal fragen wollte", unterbrach mich mein Bruder Francesco beim Erzählen, „was hast *du* eigentlich beim ‚Jüngsten Gericht' gemalt? Damals bei der Decke der Sixtinischen Kapelle, da durftest du doch so ein paar Rahmen und Säulen, ein paar Verzierungen malen. Und damals warst du noch ein Lehrling. Als ihr mit der Altarwand begannt, da warst du schon über zwanzig Jahre bei Michelangelo. Hat er dich jetzt mehr malen lassen? Oder warst du für ihn immer noch nicht gut genug?" – „Mensch, hör auf!" antwortete ich. „Ich war froh, wenn ich immer rechtzeitig den Putz an der Wand hatte, damit Michelangelo weitermalen konnte. Er hat oft genug gemeckert, wenn ich nicht schnell genug war. Und im übrigen: Ich glaube, für Michelangelo bin ich immer Lehrling geblieben – der kleine Junge aus Florenz, den sein Vater ihm zu Hilfe geschickt hatte." – „Dann hast du wirklich überhaupt nichts an der Altarwand gemalt?" – „Überhaupt nichts – das ist untertrieben. Ein paar Sachen schon. Zum Beispiel die Posaunen der Engel, von denen ich dir eben erzählt habe und solche Sachen…"

„Wenn der Menschensohn in seiner Herrlichkeit kommt

und alle Engel mit ihm, dann wird er sich auf den Thron seiner Herrlichkeit setzen. Und alle Völker werden vor ihm versammelt, und er wird sie voneinander scheiden, wie der Hirt die Schafe von den Ziegen scheidet. Er wird die Schafe auf seine rechte Seite, die Ziegen aber auf seine linke Seite stellen. Dann wird der König zu denen auf der rechten Seite sagen: Kommt her, die ihr von meinem Vater gesegnet seid...!"

Michelangelo steht mit Maurizio vor der Altarwand der Sixtinischen Kapelle. Gerade ist ein großer Teil des Gerüstes abgebaut worden. Jetzt kann man Christus, den Richter, zusammen mit der rechten Seite und einem Teil der linken Seite zum ersten Mal auch aus der Entfernung sehen. Bisher konnte man das nur immer dicht davor.

In diesem Augenblick geht die Tür auf. Papst Paul III. betritt mit seinem Zeremonienmeister die Kapelle. „So, Michelangelo, ich habe gehört, ein Teil des Gerüstes ist abgebaut! Will doch mal sehen."

Paul III. stellt sich etwa in die Mitte der Kapelle. Dort bleibt er fast eine halbe Stunde stehen. Dann geht er nach vorn zum Altar. Dort kniet er sich auf die Stufe und beginnt zu beten. Der Papst kann nicht verbergen, wie erschüttert er ist. *(Siehe Abbildung 6.)*

„Das ist ja ein Wunder, Michelangelo *mio*!" Er geht zu Michelangelo und umarmt ihn. „Dieser Richter! Welche Macht und Gewalt! Ja, das ist Christus, den wir erwarten zum Gericht! Er sieht schrecklich aus – das mußt du doch zugeben..." – „Heiliger Vater, neben Christus, da ist Maria." – „Ja, ich sehe es. Sie hat Vertrauen zu ihrem Sohn. Sie hat nichts zu befürchten." – „Und die Heiligen, Heiliger Vater! Wenn das Bild ganz fertig ist, wird der Richter

ganz von Heiligen umgeben sein." – „Ja, ich sehe dort unterhalb von Christus den Märtyrer Laurentius. Er trägt einen Rost unter dem Arm." – „Weil er auf einem glühenden Rost für Christus getötet wurde." – „Und der Apostel Andreas mit seinem Kreuz zur Rechten von Jesus. Und Paulus, der Apostelfürst." Der Papst gerät immer mehr ins Staunen. „Am Tage des Gerichtes tun sich die Gräber auf, und die Toten stehen auf – so steht es in der Bibel, und so hast du es gemalt, Michelangelo. Wirklich auf der rechten Seite des Richters ganz unten: die offenen Gräber und die Toten, die auferstehen. Und alle auf der rechten Seite des Richters, das sind die Geretteten, denen Christus einen Platz im Himmel bereitet hat. Das sieht ja aus, als wenn alle Geretteten wie von einem Wirbelsturm in den Himmel gerissen werden. Ist die Erlösung so mächtig, Michelangelo?" – „Die Erlösung ist allmächtig, Heiliger Vater. Aber wir müssen auch etwas dafür tun. Da unten, da kann man es sehen: Da zieht ein Engel zwei Menschen mit dem Rosenkranz in den Himmel!"
Der Papst wendet sich zu seinem Zeremonienmeister, der bisher noch kein Wort gesprochen hat. „So, mein lieber Monsignore, ist das nicht alles wunderbar?" – „Wunderbar?" schnaubt da der Zeremonienmeister verächtlich, „wunderbar? Scheußlich ist das alles, ganz und gar grauenhaft: all diese Nackten, ohne auch nur einen Schleier über ihrer Blöße! Und das an einem solch heiligen Ort – in der Kapelle der Päpste! Die gehören besser in ein Badezimmer! Und die Heiligen ohne Heiligenschein und die Engel ohne Flügel... Schlimm ist das alles!"
Der Papst sagt dazu kein einziges Wort. Als die beiden die Kapelle verlassen haben, sagt Michelangelo zu seinem Ge-

hilfen: „Maurizio, schnell, trag da unten ein wenig Putz auf. Da ganz unten, auf der linken Seite von Christus aus." Und der Meister, der vor Zorn kocht, nimmt die Pinsel und Farben und malt dort den Teufel Minos mit dem Gesicht des päpstlichen Zeremonienmeisters. Lange Eselsohren malt er ihm, und eine dicke Schlange windet sich um seinen Leib.

Natürlich erfährt der Zeremonienmeister von dieser Rache des Michelangelo. Er protestiert heftig beim Papst gegen das Bild.

„Was willst du eigentlich, mein lieber Monsignore? Erst beschwerst du dich über die vielen Nackten. Und dann malt dir Michelangelo eine Schlange um den Leib, um deine Nacktheit zu bedecken, und du bist immer noch nicht zufrieden?" fragt ihn Paul III. mit einem Lachen in den Augen.

„Ja, aber, Heiliger Vater, gib den Befehl, daß Michelangelo mich wenigstens aus der Hölle entfernt." – „Das kann ich leider nicht, mein Lieber. Wenn er dich im Fegefeuer untergebracht hätte, dann würde ich alles tun, um dir zu helfen. In der Hölle, da ist selbst der Papst machtlos!"

## 27 Der Höllensturz
*(Rom 1534–1541)*

„Da wart ihr aber lange mit der Altarwand der Sixtinischen Kapelle beschäftigt, Maurizio!" bemerkte mein Bruder Francesco. „Wenn ich so richtig nachrechne, dann müssen das doch wenigstens sechs Jahre gewesen sein!" – „Ja, das mag wohl insgesamt stimmen. Aber die Vorbereitung hat natürlich auch fast zwei Jahre gedauert. Dann gab es immer wieder Unterbrechungen. Zum Beispiel hat Michelangelo in dieser Zeit Entwürfe gezeichnet für den Platz auf dem Kapitol. Vom Marmor konnte er auch nicht ganz lassen. Sozusagen zur Erholung hat er immer wieder an den Statuen für das Grabmal von Papst Julius gearbeitet. Aber insgesamt hast du recht. Sieben Jahre sind das wohl geworden!" – „Und wann wart ihr endlich fertig?" – „Das war Weihnachten – ja, ich erinnere mich genau: Es war Weihnachten 1541!"

Es sind fast sieben Jahre um. Da wird das Gerüst von der Altarwand abgebaut. Das Jahr 1541 ist beinahe zu Ende. Am ersten Weihnachtstag weckt Michelangelo seinen Gehilfen Maurizio früher als sonst. „Zieh deine beste Kleidung an", ermahnt er ihn. „Wir gehen jetzt zur Weihnachtsmesse in die Sixtinische Kapelle." An diesem Tag fahren sie mit der Kutsche zum Vatikan. Kurz nachdem sie die Kapelle betreten haben, öffnet sich das Hauptportal, und Papst Paul III. zieht mit seinem ganzen Gefolge feierlich ein. Als sie vor der Altarwand angekommen sind, reißt ein Schweizergardist an der Leine. Das Tuch, das das Bild verhüllte, fällt herunter.

Eine atemlose Stille ist auf einmal in der Kapelle. Es ist in diesem Augenblick so still, daß man eine Stecknadel fallen hören könnte. Wie erstarrt blicken alle auf das Bild vom Jüngsten Gericht, die Augen weit aufgerissen. In vielen kann Maurizio Bewunderung ablesen. Und in manchen richtiges Entsetzen.

Da fällt der Papst vor dem Bild auf die Knie. Vor allen Kardinälen und Bischöfen – vor allen Menschen, die hier in der Kapelle versammelt sind, bekennt er laut seine Sünden: „Herr", bittet er, „wenn du in deiner Herrlichkeit zum Gericht kommst, dann erbarme dich meiner!" Das ist schon beeindruckend. Mit allem hätte Michelangelo gerechnet, aber mit so etwas nicht. Maurizios Blick wandert über die ganze Altarwand. Zum ersten Mal sieht auch er das Fresko vom Jüngsten Gericht in seiner ganzen Größe.

„Das ist ja wie ein Wirbelsturm, Meister", flüstert er leise zu Michelangelo. „Christus, der Richter im Zentrum des Sturmes – er löst den Sturm aus. Über ihm und unter ihm die Engel, um ihn herum die Heiligen. Da ist der heilige Petrus mit dem Schlüssel – links von Christus. Und etwas unterhalb, das ist doch der heilige Bartolomäus. Der hält ja seine Haut in der Hand." – „Ja, er war doch auch ein Märtyrer. Und sein Tod für Jesus bestand darin, daß man ihm seine Haut abzog!" erklärt Michelangelo leise. „Moment mal! Das Gesicht kenn ich doch!" sagt Maurizio so laut, daß Michelangelo ihn anstößt. „Meister, die Haut des Bartolomäus! Das ist doch dein Gesicht!" Darauf antwortet Michelangelo gar nicht. Maurizio kann auch nicht erkennen, ob er lächelt oder ob sein Gesicht traurig ist.

„Und der gewaltige Wirbelsturm reißt die Guten zur Rechten des Richters in den Himmel. Die Bösen zu seiner Linken treibt er in die Hölle." In diesem Augenblick hören sie, wie ein Diakon vorn am Altar das Evangelium vorliest. Es paßt zwar nicht zu Weihnachten – aber zu diesem Bild. „... dann wird sich der Menschensohn an die zu seiner Linken wenden und zu ihnen sagen: Weg von mir, ihr Verfluchten, in das ewige Feuer, das für den Teufel und seine Engel geschaffen ist..."

Sofort nach dem Ende der heiligen Messe verlassen Michelangelo und sein Gehilfe still die Kapelle, bevor auch nur einer mit dem Meister sprechen kann. Den ganzen Weg nach Hause spricht Michelangelo kein einziges Wort. Ob er ahnt, welchen Streit dieses Bild auslösen wird? Wie dieses Jüngste Gericht die Menschen spalten wird in Begeisterte und in andere, die es am liebsten wieder aus der Sixtinischen Kapelle herausschlagen würden? Ob er ahnt, daß in zwanzig Jahren seine Gegner teilweise siegen werden? Daß der Nachfolger von Papst Paul den Befehl geben wird, die Nackten zu bedecken? Daß einer seiner ehemaligen Schüler und sein Freund diese undankbare Aufgabe übernimmt und Schleier und Tücher, Schatten und Halbschatten auf die meisten Figuren aufträgt, um die Gegner zu beruhigen? „*Il braghettone*" wird man diesen Maler deswegen nennen – „der Hosenmacher"! Ob Michelangelo dies alles ahnt?

## 28 Nabel der Welt
*(Rom – Kapitol 1536, 1538, 1563)*

„Maurizio, du hast vorhin mal so nebenbei erwähnt, daß Michelangelo mitten in seinen Arbeiten für das Jüngste Gericht auch einen Entwurf für den Kapitolsplatz anfertigte. War er denn auch Architekt? Ich dachte bisher immer, er wäre eigentlich Bildhauer und höchstens noch Maler!" – „Mein lieber Bruder!" mußte ich Francesco ermahnen, „du solltest schon ein bißchen besser aufpassen, wenn ich dir was erzähle. Gestern noch waren wir bei San Lorenzo. Habe ich dir da nicht erzählt, daß Michelangelo

Entwürfe für eine neue Fassade gemacht hat? Dafür war er doch über zwei Jahre in den Steinbrüchen von Pietrasanta. Nur um Marmor für diese Fassade zu brechen! Und dann die Grabkapelle der Medici. Da sind wir doch gestern noch sogar im Keller herumgekrochen. Und jetzt weißt du schon nichts mehr davon, daß Michelangelo die ganze Kapelle entworfen und gebaut hat? Ich frage mich ehrlich, warum ich dir das alles so ausführlich erzähle!"
Mein Bruder schaute mich ziemlich erschrocken an. Dann sagte er: „Entschuldige, Maurizio! Ich verspreche dir: In Zukunft werde ich besser aufpassen."
Eigentlich dachte ich gar nicht daran, Francesco nichts mehr von Michelangelo zu erzählen. Dafür sprach ich viel zu gerne von Michelangelo und von der Zeit, wo ich ihm helfen durfte...

„Weißt du eigentlich, was das Kapitol früher zur Zeit der römischen Kaiser bedeutete?" fragte Michelangelo scheinbar ohne Grund, als sie während der Arbeiten in der Sixtinischen Kapelle wie jeden Morgen und jeden Abend am Kapitolshügel vorbeikommen. „Ja, ich weiß nur, daß es ein ziemlich wichtiger Ort gewesen sein muß. Aber Genaues?... Nein, keine Ahnung!"
„Ziemlich wichtiger Ort ist gut! Der wichtigste Ort überhaupt war das Kapitol für das Römische Reich. Sie nannten es sogar den ‚Nabel der Welt'! Hier standen die Tempel des Jupiter und der Juno – das waren die größten Götter der Römer. Hier befand sich das Tabellarium – das Staatsarchiv. Für alle wichtigen Entscheidungen zogen die alten Römer zunächst die Aufzeichnungen ihrer Vorfahren zu Rate. Auch heute noch – wenn zum Beispiel ein

Papst gewählt ist oder ein Ehrenbürger ernannt wird oder ein besonderer Gast in Rom begrüßt wird, dann finden die Feierlichkeiten hier oben auf dem Kapitol statt." – „Das meinst du doch nicht im Ernst, Meister", muß Maurizio laut lachen. „Auf diesem Geröllhaufen finden Feiern statt? Da stehen doch nur ein paar Ruinen und liegen ein paar alte Steine herum! Und das soll der Nabel der Welt gewesen ein?" – „Es ist schlimm genug, daß es da heute so aussieht. Das müßte man ändern. Man müßte das Kapitol völlig neu gestalten."
Am Abend zeigt Michelangelo seinem Gehilfen die ersten Pläne für das neue Kapitol. „Der Papst wünscht, daß ich mich um das Kapitol kümmere", erwähnt er so nebenbei. „Auch das noch!" rutscht es Maurizio heraus.
Ab und zu muß er daran denken, daß Michelangelo ja nicht mehr der Jüngste ist. Im Alter von sechzig Jahren hat er die Arbeiten an der riesigen Altarwand der Sixtinischen Kapelle begonnen. Jetzt noch das Kapitol! Soll der Meister sich denn totarbeiten? Auf den Entwürfen sind drei Gebäude zu erkennen. „Oben an der Stelle des alten Staatsarchivs steht der Senatorenpalast – das römische Rathaus. Rechts der Konservatorenpalast, der muß eine neue Fassade haben. Links steht die Kirche Santa Maria in Aracoeli. Davor bauen wir einen neuen Palast, der genau zum Konservatorenpalast paßt. Und beide Paläste stehen zum Rathaus in einem Winkel von achtzig Grad. Siehst du?" – „Dann bekommt ja der Platz die Form eines Trapezes!" sagt Maurizio. „Gut erkannt! Dadurch wirkt der ganze Platz weiter. Dazu kommt noch, daß er in der Mitte gewölbt sein wird." – „Wie, er soll einen Buckel bekommen?" Und als Michelangelo nickt, fragt Maurizio

weiter: „Aber dann müßte doch auf den Buckel, in die Mitte des Platzes, irgendein Standbild oder so etwas?" – „Ist schon entschieden, mein Lieber! Der Papst hat gestern befohlen, das Reiterstandbild des Kaisers Marc Aurel, das jetzt noch vor San Giovanni im Lateran steht, zum Kapitol zu transportieren und dort aufzustellen." – „Ach, das wollte ich immer schon mal fragen, Michelangelo. Wie kommt es eigentlich, daß dieses Standbild nicht zerstört wurde? Sonst haben die doch in früheren Jahrhunderten ziemlich alles, was aus der Zeit der römischen Kaiser stammt, zerstört." – „Ja, du hast recht. Die haben alles zerstört, was auch nur irgendwie an das Heidentum erinnerte. Daß es aus dieser Zeit noch einige Marmorstatuen gibt, das liegt allein daran, daß man Marmor nicht einschmelzen und daraus keine Kanonen gießen konnte. Ja, aber mit dem Marc Aurel, das war so: Erst vor gar nicht langer Zeit wurde entdeckt, daß es Marc Aurel ist. Man hat ihn bis dahin immer für den Kaiser Konstantin gehalten. Weißt du, das ist der Kaiser, der im Jahre 313 das Christentum erlaubt hat." – „Ah, jetzt verstehe ich. Nur durch einen Irrtum blieb uns dieses Standbild erhalten! – Und was ist noch geplant?" – „Ja, irgendwie muß man ja bequem auf den Kapitolshügel hinaufkommen! Eine große und breite Treppe werden wir da bauen."

Bei diesem Gespräch kann Michelangelo natürlich nicht wissen, daß die Reiterstatue des Marc Aurel erst im Jahr 1538 auf dem Kapitol aufgestellt wird, daß er erst im Jahr 1563 im Alter von achtzig Jahren mit dem Bau des Konservatorenpalastes beginnen kann und daß erst ein Jahrhundert später seine Pläne ganz verwirklicht werden.

## 29 Mose: der Heilige Gottes
*(Rom 1542–1546)*

„Und dann?" fragte mein Bruder Francesco. Er konnte gar nicht genug davon bekommen, wenn ich von Michelangelo erzählte. „Was war, nachdem das Jüngste Gericht fertig war?" – „Nun hör mal gut zu, mein Lieber. Als wir in der Sixtinischen Kapelle fertig waren, da war Michelangelo schon 67 Jahre alt. Ein Alter, in dem die meisten anderen sich schon zur Ruhe gesetzt haben." – „Ja, und? Habt ihr beide euch dann zur Ruhe gesetzt?" – „Wo denkst du hin! Michelangelo und sich zur Ruhe setzen! Daß ich nicht lache! Der konnte doch keinen Moment Ruhe halten! Am Tag, nachdem der Papst die Altarwand geweiht hatte, ließ er Michelangelo schon wieder zu sich rufen. Er war so begeistert von dem Jüngsten Gericht! Da wollte er gleich noch zwei weitere Bilder haben für die Cappella Paolina im Papstpalast. Auf einem Fresko sollte die Kreuzigung des heiligen Petrus dargestellt werden. Die begann Michelangelo sofort. Das andere Bild mit der ‚Bekehrung des heiligen Paulus', das war erst drei Jahre später fertig." – „Und, hat er zwischendurch noch etwas anderes gemacht?" – „Ja, du wirst es nicht glauben! Aber das Grabmal für Papst Julius wurde endlich aufgestellt – im Jahre 1545!" – „Das Grabmal? Mensch, da hab ich schon gar nicht mehr dran gedacht. Es war doch schon so lange her, daß Michelangelo dafür den Auftrag bekommen hatte. Weißt du eigentlich noch genau, wie das alles war, Maurizio?" – „Nein, auswendig weiß ich das auch nicht mehr. Das war so ein Hin und Her. Ich glaube, es waren volle vierzig Jahre, in denen Michelangelo sich mit diesem

Grabmal beschäftigt hat!" Francesco staunte: „Ich glaube, ich hätte längst das Handtuch geworfen." – „Ja, ich habe mich auch manchmal gewundert, warum Michelangelo das alles mitgemacht hat. Ganz ehrlich, ihm ist auch ein Stein vom Herzen gefallen, als das Grabmal endlich in der Kirche stand."

Vorn in der sonst schmucklosen Kirche San Pietro in Vincoli, neben dem Altar auf der rechten Seitenwand, sind Arbeiter dabei, eine neue Mauer hochzuziehen. (Die Kirche S. Pietro in Vincoli – „heiliger Petrus in Ketten" heißt das auf deutsch – hat ihren Namen daher, weil in ihr die Ketten aufbewahrt werden, mit denen der Apostel in Rom gefesselt war.) Zwei Stockwerke hoch wird dieses Grabmal für Papst Julius II. endgültig. Oben, zwischen Marmorsäulen, werden drei Statuen und der Sarg von Julius II. aufgestellt. Unten in zwei Nischen die alttestamentlichen Frauen Rahel und Lea. Für sie hat Michelangelo nur die Zeichnungen angefertigt, gearbeitet hat sie ein anderer. In der Mitte die mächtige Gestalt des Mose ganz aus der Hand Michelangelos. *(Siehe Abbildung 7.)*
Nachdem das Grabmal vollendet ist, bleibt Maurizio noch in der Kirche. Er setzt sich auf die Stufen des Hauptaltares und schaut zu Mose hinüber. Nun sitzt er bereits eine halbe Stunde dort allein in der Kirche. „Nein, das kann doch nicht wahr sein!" Maurizio reibt sich die Augen. „Nein, das ist eine Täuschung!" Doch nach ein paar Minuten wieder das gleiche: Der Zeh am rechten Fuß des Mose bewegt sich! „Das kann doch nicht wahr sein!" Maurizio steht auf und geht zu der Statue hin. Er befühlt sie mit seinen Händen. „Es ist Stein!" spricht er halblaut zu sich

selbst. „Wahrhaftig, es ist Stein!" Während seine Finger den Marmor betasten, fühlt er Sehnen und Muskeln; ja, er fühlt die starken Knochen durch das Fleisch. Sollte es Michelangelo wirklich gelungen sein, diesem Mose das Leben zu schenken? „Lebendiger geht es nicht mehr!" schießt es Maurizio durch den Kopf. „Selbst ein lebender Mensch kann nicht lebendiger sein als dieser Mose!"
Während der Arbeit am Mose hatte der Meister immer wieder in der Heiligen Schrift gelesen. Es war so, als wenn er die Worte der Bibel in den Stein hineingehämmert hätte. Diese Worte kommen Maurizio jetzt in den Sinn:
„Nachdem der Herr zu Mose auf dem Berg Sinai alles gesagt hatte, übergab er ihm die beiden Tafeln der Bundesurkunde; steinerne Tafeln, auf die der Finger Gottes geschrieben hatte... Mose kehrte um und stieg den Berg hinab, die zwei Tafeln der Bundesurkunde in der Hand... Als Mose dem Lager näherkam und das Kalb und den Tanz sah, entbrannte sein Zorn. Er schleuderte die Tafeln fort und zerschmetterte sie am Fuß des Berges."
„Genau das ist er!" spricht Maurizio zu sich selbst. „Das ist der Mose, wie er vom Berg des Herrn herunterkommt – er trägt die Gesetzestafeln noch in der Hand –, wie er sein Volk sieht: Es hat sich von Gott abgewandt, es tanzt um das goldene Kalb, es hat sich einen eigenen Gott gemacht. Das ist der Augenblick, wo Mose das Volk sieht, in dem vor seinem geistigen Auge das Handeln Gottes an seinem Volk vorüberzieht: die Knechtschaft in Ägypten, die Befreiung aus der Sklaverei, der Durchzug durchs Rote Meer, Manna und Wachteln in der Wüste, Wasser aus dem Felsen, der Bund Gottes mit seinem Volk – all dies

sieht Mose in jenem Augenblick vor sich. Und gleichzeitig sieht er die Wirklichkeit: „Herr, es ist ein störrisches Volk!"
Vor Enttäuschung, vor Schreck, vor Erschöpfung, vor Zorn? hat sich Mose auf einen Felsen niedergelassen. Seine mächtige Gestalt ist in betrachtende Ruhe versunken. Gleichzeitig ist sie aufsprungbereit, angespannt bis in die letzte Sehne, bis in den letzten Muskel. Das rechte Bein ist noch in Ruhestellung. Das linke Bein schon an den Körper gezogen – zum Aufspringen bereit. Unter dem rechten Arm, gehalten von der rechten Hand, die Gesetzestafeln. Gleichzeitig spielt diese Hand ebenso wie die linke in dem gewaltigen Bart. Jede Faser, jede Sehne ist angespannt bis zum letzten: wie ein Bogen kurz vor dem Abschuß des Pfeiles. Der mächtige Kopf ist nach links gewandt. Die Augen – weit aufgerissen – starren hinunter auf das Volk. Mit seinen Augen möchte er es verschlingen. Die Stirn ist gerunzelt – so, als wenn er angestrengt nachdenkt – aber auch dort sind Wolken des Zorns. Die Lippen leicht vorgeschoben und zusammengekniffen. Alles in diesem herrlichen Gesicht drückt aus, was er empfindet in diesem Augenblick.
„Die Hörner auf dem Kopf...?" denkt Maurizio laut nach. Und er merkt nicht, daß schon seit einiger Zeit der Meister hinter ihn getreten ist. So sehr nimmt ihn der Mose gefangen. „Keine Hörner, Maurizio! Es sind Strahlen auf dem Kopf des Mose." Und Michelangelo spricht den Text der Bibel; längst kann er ihn auswendig, ist dieser ihm in Fleisch und Blut übergegangen: „Als Aaron und alle Israeliten Mose sahen, wie er vom Berg des Herrn herabstieg, strahlte die Haut seines Gesichtes. Und sie fürchteten

sich, in seine Nähe zu kommen... Wenn die Israeliten das Gesicht des Mose sahen und das Licht, das er ausstrahlte, legte er einen Schleier über sein Gesicht..."
„Das ist die Bibel, Meister", ruft Maurizio aus. „Du hast die Bibel in Stein geschlagen! Das ist ein Heiliger Gottes, den du geschaffen hast und gleichzeitig ein schrecklicher Fürst. Wo ist der Schleier, Meister, wir sollten dieses strahlende Gesicht bedecken!"
Im gleichen Augenblick geht die Tür der Kirche auf. Eine Schar von Menschen kommt auf den Mose zu. Es ist ohne Schwierigkeiten zu erkennen, daß es sich um Männer und Frauen aus dem jüdischen Viertel Roms handelt. Die Männer tragen lange Gebetsschals und kleine Käppchen auf ihren Köpfen. Einige kennt Michelangelo aus der Zeit, in der er im jüdischen Viertel Entwürfe zeichnete für seine Pietà. Manche sind schon die Kinder seiner Modelle.
Die Juden treten vor Mose, den Stammvater ihres Volkes. Sie wissen um das Gebot: „Du sollst dir kein Bild machen!" Trotzdem scheinen sie zu beten. Nicht zu dem Stein beten sie. Ihr Gebet gilt Gott allein, der in diesem Mose erkennbar wird.

## 30 Der Mann mit der Kapuze
*(Rom 1550–1551)*

„Das mußt du dir vorstellen, Francesco", meinte ich, nachdem ich meinem Bruder von der Fertigstellung des Grabmals für Papst Julius erzählt hatte, „Michelangelo war bereits über fünfundsiebzig Jahre alt. Und er arbeitete immer noch wie ein Dreißigjähriger. Manchmal schien es mir sogar, als wolle er noch möglichst viel schaffen." – „Und der Tod? Dachte er gar nicht an seinen Tod? Mit fünfundsiebzig ist man ja nicht mehr der Jüngste!" – „Natürlich dachte er an seinen Tod! Beim Malen des Jüngsten Gerichts spielte sein eigener Tod schon eine wichtige Rolle." – „Obwohl er Christus als Richter so furchterregend dargestellt hat?" – „Ja, trotzdem! Da gibt es ja auch die Maria, die keine Angst vor dem Richter hat. Und da gibt es die Geretteten, die zum Himmel emporgerissen werden!" – „Sah sich Michelangelo unter den Geretteten?" – „Er sagte immer: Ich habe getan, was ich konnte – auch zur Ehre Gottes. Und im übrigen glaube ich fest, daß Christus, der Richter, auch für mich am Kreuze gestorben ist." – „Dann hatte er also keine Angst vor dem Tod?" – „Nein, den Eindruck hatte ich nie. Eines Nachts wurde ich von dröhnenden Schlägen wach. Ich ging nach unten in die Werkstatt. Da stand Michelangelo vor einem Marmorblock mit Eisen und Schlegel in der Hand. Auf dem Kopf trug er eine Mütze, an der er sich eine Kerze befestigt hatte."

„Meister, es ist Nacht!" sagt Maurizio schlaftrunken. Michelangelo ist über und über mit weißem Marmorstaub bedeckt, so, als wenn es in der Werkstatt einen Schneesturm gegeben hätte. „Du bist nicht mehr der Jüngste!" – „Das brauchst du mir nicht extra sagen, Maurizio. Mein Alter spüre ich mit jedem Schlag!" – „Und warum schläfst du dann nicht besser? Der Schlaf wird dir guttun!" – „Es ist noch soviel zu tun, Maurizio *mio!*" – „Du hast doch wahrhaftig genug getan, Meister! Keinen einzigen Künstler kenne ich, der in seinem Leben so viele Gemälde gemalt, so viele Statuen gemeißelt und so viele Baupläne ge-

zeichnet hat wie du. Das ist das Werk von drei Leben. Und jetzt bist du auch noch Baumeister von Sankt Peter!" – „Ja, es ist viel, Maurizio! Aber nicht genug! Eines fehlt noch. Eines – ganz für mich allein! Bis jetzt habe ich immer nur für andere gearbeitet. Jetzt arbeite ich nur für mich. Für mein Grab." *(Siehe Abbildung 8.)*
Michelangelo zündet noch einige Kerzen an. Dann nimmt er Maurizio an die Hand und geht mit ihm nahe an den Marmorblock heran. Maurizio erkennt im flackernden Kerzenlicht eine Gruppe von Menschen, die wie eine Pyramide aufgebaut ist. Ganz oben die mächtige Gestalt eines Mannes mit einer Kapuze. In seinen starken Armen hält er einen Leichnam, den Maurizio sofort als Jesus erkennt. Dann muß links seine Mutter sein! Fast ist sie hinter dem Leichnam versteckt. Eine vierte Figur ist noch roher Stein. Sie steht ein wenig abseits, obwohl der rechte Arm Jesu um sie gelegt ist: „Maria Magdalena soll das einmal werden", erklärt Michelangelo.
„Dieser Jesus ist ja ganz anders als der, der auf dem Schoß der Maria im Petersdom liegt, Meister! Das ist ja nur noch Leiden und Tod! Der sieht ja aus, als würde er von seinem eigenen Gewicht in die Tiefe gezogen, als würde er nach unten abrutschen. Da ist ja nichts mehr an Kraft. Nichts mehr von Hoffnung auf die Auferstehung!"
„Ja, *caro mio* – mein Lieber, das ist das Ende. Es hat keinen Sinn, sich etwas vorzumachen. Das Ende muß kommen, damit ein Anfang möglich ist. Das Weizenkorn muß sterben, damit es neue Frucht bringt." – „Aber, Meister, der Mann mit der Kapuze da. Wer ist das? Den hast du noch nie dargestellt." – „Oh, das ist Nikodemus, ein jüdi-

scher Ratsherr. Der war doch dabei, als Jesus vom Kreuz abgenommen und ins Grab gelegt wurde." – „Und warum trägt er eine Kapuze? War es da so kalt in Jerusalem?" – „Nein, nein, damit hat das nichts zu tun. Die Kapuze soll etwas anderes zeigen. Nikodemus war ja ein jüdischer Ratsherr. Er interessierte sich schon lange für Jesus. Irgendwie hatte er das Gefühl, daß Jesus doch wohl mehr ist, als nur der Sohn des Zimmermanns aus Nazaret. So langsam wuchs in ihm der Glaube, daß Jesus der erwartete Messias ist – der Sohn Gottes. Er wollte Jesus unbedingt sprechen. Aber dabei durfte er nicht gesehen werden. Deshalb ging er bei Nacht zu Jesus. Und sein Gesicht war von der Kapuze versteckt." – „Und wie war das dann bei Jesus?" fragt Maurizio. Michelangelo nimmt die Bibel zur Hand und beginnt zu lesen: „Nikodemus suchte Jesus bei Nacht auf und sagte zu ihm: Rabbi, wir wissen, du bist ein Lehrer, der von Gott gekommen ist... Jesus antwortete: Amen, Amen, ich sage dir: Wenn jemand nicht von oben geboren wird, kann er das Reich Gottes nicht schauen. Nikodemus entgegnete: Wie kann ein Mensch, der alt ist, wieder geboren werden? Jesus antwortete: Amen, Amen, ich sage dir: Wenn jemand nicht aus dem Wasser und dem Geist geboren wird, kann er nicht in das Reich Gottes kommen... was aus dem Geist geboren wird, ist Geist..."

„Siehst du, Maurizio: Der Körper ist wichtig, aber der Geist ist wichtiger! Der Körper wird alt und stirbt, der Geist aber bleibt lebendig. Dafür ist Christus gestorben. Auch für mich. Deshalb möchte ich diese Statuen auf meinem Grab stehen haben. Ich schenke sie der Kirche, in der mein Grab sein wird."

Maurizio ist tief erschüttert. Er kann kein Wort sprechen. Nach einiger Zeit nimmt er eine Kerze und geht näher an die Statuen heran. Er will sie sich genau ansehen. Da erschrickt er so heftig, daß ihm die Kerze auf den Boden fällt und erlischt. „Was ist los, Maurizio? Was erschreckt dich so, daß du mir fast das Haus in Brand steckst?" – „Das Gesicht, Meister, das Gesicht!" – „Was für ein Gesicht?" – „Dein Gesicht! Das Gesicht des Nikodemus! Dein Gesicht! ...Ach, jetzt weiß ich gar nichts mehr! Ich habe gerade dein Gesicht gesehen, und es ist doch das Gesicht des Nikodemus! Ich bin wohl zu müde. Ich kann wohl nicht richtig sehen!" – „Doch, Maurizio, du kannst richtig sehen. Der Nikodemus, das bin ich." – „Du bist der Nikodemus, Meister?" – „Ja, ich trage Jesus in meinen Armen – schon viele Jahre. Ich frage Jesus immer und immer wieder – wie Nikodemus. Und oft ist es Nacht, wenn ich zu Jesus gehe, um ihn zu fragen, dunkle Nacht."

## 31 Der geöffnete Himmel
*(Rom 1547, 1552, 1558, 1564)*

„Du, Maurizio, du hast mir jetzt soviel davon erzählt, daß dein Meister Michelangelo immer wieder vom Tod gesprochen hat. Er hat ja sogar eine besondere Pietà – die Kreuzabnahme mit seinem Selbstbildnis im Nikodemus – geschaffen für sein Grabmal. Jetzt habe ich nur eine Frage: Wie war das denn mit dem Petersdom? Es wird doch erzählt, daß Michelangelo ihn gebaut hat. Wann will er das denn gemacht haben? Als er die Pietà für sein Grabmal fertig hatte, da war er doch schon sechsundsiebzig

Jahre alt!" – „Das Alter spielte für Michelangelo keine Rolle. Er sagte mir mal: Schau, Maurizio, mein Vater ist neunzig Jahre alt geworden. Und ich sehe viel gesünder aus. Das sollte doch wohl zehn Jahre mehr wert sein! – Und wahrhaftig: Er arbeitete jeden Tag wie ein Mann in seinen besten Jahren. Von seinem Alter war ihm nichts anzumerken. – Aber jetzt zu deiner Frage – zum Petersdom: Michelangelo hielt den Bau des Petersdomes schon immer für seine Angelegenheit. Kannst du dir denken, warum, Francesco?" – „Weil er sooft in seiner Nähe – in der Sixtinischen Kapelle – zu tun hatte?" – „Nein, deswegen nicht. Es gibt noch einen anderen Grund. Denk doch mal an das Grabmal für Papst Julius II.!" – „Ach so, jetzt komme ich wieder drauf. Das war, glaube ich, damals so um 1500, kurz nachdem Michelangelo die Pietà im Petersdom aufgestellt hatte. Papst Julius II. hatte doch sofort nach seiner Wahl ein Grabmal bei Michelangelo in Auftrag gegeben. Dann wurde festgestellt, daß das Grabmal in die alte Peterskirche nicht hineinpaßt und daß die Kirche sowieso ganz baufällig ist." – „Ja, und da befahl der Papst, die alte Peterskirche abzureißen und eine neue zu bauen, die auch groß genug für sein Grabmal ist." – „Ja, aber dann wurde der Papst abergläubisch: Er bildete sich ein, daß es ein schlechtes Vorzeichen ist, wenn man schon zu Lebzeiten ein Grabmal baut." – „Ja, richtig! Und Michelangelo bekam den Auftrag für die Decke der Sixtinischen Kapelle." – „Und was war mit der Peterskirche?" – „Die wurde gebaut. Aber nicht Michelangelo wurde damit beauftragt, sondern zuerst Bramante, dann Giocondo, dann sogar Raffael, dann ein gewisser Peruzzi und schließlich Antonio da Sangallo." – „Und Michelangelo?" –

„Ja, der hat den Bau natürlich immer ziemlich mißtrauisch beobachtet. Jeden Fehler, den die anderen machten, sah er. Mehr als einmal hat er sich mit den Baumeistern und sogar mit dem Papst angelegt. Und er hatte wohl auch recht: Bereits im Jahre 1506 wurde der Grundstein für Sankt Peter gelegt, und vierzig Jahre später war immer noch nicht viel vom Bau zu erkennen." – „Wie kam denn das? War nicht genug Geld da?" – „Das war natürlich ab und zu auch der Fall. Bei den vielen Kriegen, die die Päpste führten! Zum Teil allerdings ist beim Bau der Peterskirche auch geschludert worden. Und das brachte Michelangelo besonders auf die Palme. Er beobachtete, daß schlechtes Material geliefert wurde, daß schlecht gemauert wurde, so daß alles wieder abgerissen werden mußte, daß einige Baumeister sich auch Geld in die eigene Tasche steckten. Da ist er natürlich wütend geworden. Denn irgendwie betrachtete er die Peterskirche als seine Kirche."
„Und wie lange ging das so?" – „Ja, ich weiß nur: 1547 – ein paar Jahre, nachdem das Jüngste Gericht in der Sixtinischen Kapelle fertig war – war Papst Paul III. die Schluderei mit dem Bau der Peterskirche auch leid. Er hatte erkannt, daß alle Vorwürfe Michelangelos hundertprozentig stimmten." – „Und was geschah da?" – „Er ernannte Michelangelo zum Baumeister von Sankt Peter."

„Heiliger Vater, das kann ich nicht!" ruft Michelangelo aus, als der Papst ihn zum Baumeister ernennt. Der Papst runzelt die Stirn. „Jetzt sag nur: Das ist nicht meine Sache! So wie du es damals gesagt hast, als du den Auftrag für die Malerei in der Sixtinischen Kapelle bekamst. Wer

soviel Kritik am Bau übt wie du, der hat auch genug Fähigkeiten als Baumeister. Wer die Kapelle der Medici bauen kann und wer die Pläne für das Kapitol machen kann, der kann auch für den Papst eine Kirche bauen!" – „Aber, Heiliger Vater, ich bin doch schon so alt!" – „Du wirst mich noch um vieles überleben, Michelangelo. Und jetzt Schluß mit der Diskussion. Du baust mir Sankt Peter!"
Jeden Tag ist Michelangelo nun auf der Baustelle. Die schlecht gemauerten Säulen und Wände läßt er sofort wieder einreißen. Und dann schießen die Mauern förmlich in die Höhe. Er entwirft eigene Rampen für die Bauleute. Darauf können sie mit Eseln und Karren viel schneller als vorher das Baumaterial an den entsprechenden Platz bringen. Ganz Rom ist außer sich vor Staunen. Jeden Tag kommen die Römer nach Sankt Peter, um zu sehen, wie der Bau in die Höhe wächst. Zwischendurch schafft Michelangelo – so zur Erholung – drei Pietàs, Entwürfe für mehrere Kirchen, ein Stadttor und den Palazzo Farnese. Dann fällt er eines Abends – während er an einem Marmorblock arbeitet – besinnungslos um. Er ist zwar ein paar Tage später wieder an der Arbeit, aber seine Freunde und der Papst dringen darauf: „Michelangelo, du mußt wenigstens ein Modell für den Petersdom schaffen, damit da nichts mehr geändert werden kann!"
„Nimm dir Papier und schreib, Maurizio! Schreib an den Chef der Dombauhütte in Florenz, er möchte uns so schnell wie möglich alle Pläne von der Kuppel des Domes zusenden." Der Brief geht mit einem berittenen Boten nach Florenz. Doch braucht es etwa zwei Monate, bis die Baupläne aus Florenz in Michelangelos Händen sind.
„Die Kuppel des Brunelleschi! Sie war für mich immer wie

ein Bild des Himmels. Wenn ich darunter stand, Maurizio, dann glaubte ich oft, über mir den Himmel offen zu sehen." Ohne Zeit zu verlieren, studiert Michelangelo die Zeichnungen Brunelleschis gründlich. Er entdeckt, daß die Kuppel des Florentiner Domes im Grunde aus zwei Kuppeln besteht: einer inneren und einer äußeren, die sich gegenseitig tragen. Er entdeckt auch, daß der Baumeister Brunelleschi die Kuppel des Pantheons in Rom als Vorbild genommen hatte. „Los, Maurizio, schaffe mir einen Tisch, Zeichenpapier und Stifte zum Pantheon!" Wochenlang sind die beiden – der weit über achtzigjährige Meister und sein langjähriger Gehilfe – nun im Pantheon. Mit Maßband und Senklot versuchen sie dem Geheimnis der Kuppel auf die Spur zu kommen. Draußen vermessen sie den Umfang, die Neigungen der Kuppel und die Höhe. „Das sind auch zwei Kuppelschalen. Genau wie im Dom von Florenz!" stellt Michelangelo bald fest. „Wunderbar, einfach wunderbar!" Michelangelo kann seine Bewunderung nicht verschweigen über die Kuppel, die einen Durchmesser und eine Höhe von über dreiundvierzig Metern aufweist, und über das einzige Fenster in der Mitte der Kuppel. „Meister, wer hat denn dieses wunderbare Bauwerk geschaffen?" fragt Maurizio. „*Si, caro mio* – ja, mein Lieber, wenn ich das wüßte! In Auftrag gegeben hat diesen Tempel der Schwiegersohn des Kaisers Augustus – der Feldherr Marcus Agrippa. Das kannst du übrigens auch vorne über dem Eingang lesen. Das war einige Jahrzehnte vor Christi Geburt. Wer aber diese herrliche Kuppel gebaut hat und wie sie das damals geschaffen haben, das frag mich besser nicht. Ich weiß es nicht." – „Und warum steht dieser heidnische Tempel heute noch? Alle ande-

ren in Rom sind doch zerstört worden?" – „Ach, das ist ganz einfach: Bereits im siebenten Jahrhundert wurde dieser Tempel in eine Kirche umgewandelt. Gott sei Dank! Sonst würde er heute nicht mehr stehen."
Als am Pantheon nichts mehr zu zeichnen und nichts mehr zu erforschen ist, zieht es Michelangelo immer wieder hinaus in die Campagna. Diese herrliche Landschaft rings um Rom hat ihn schon immer angezogen. Oft ist er zur Erholung dort hinausgeritten. Er steht einfach da auf freiem Feld – manchmal auch auf einem kleinen Hügel – und schaut nur hinauf in den Himmel. „Das Gewölbe des Himmels", sagt er zu seinem Gehilfen, „dieses wunderbare Gewölbe von Gottes Schöpferhand! Weißt du, Maurizio, wenn ich so unter dem Himmel stehe, ich ganz allein als Mensch, dann fühle ich mich Gott, der dort im Gewölbe des Himmels wohnt, am allernächsten. Ich allein vor Gott! Ich ganz alleine unter seinem Himmel! In diesem Augenblick ist er ganz für mich da. Und ich bin ganz für Gott da." Manchmal erleben die beiden wunderschöne Lichtspiele mit. Dann, wenn die Wolken sich vor die Sonne schieben und die Strahlen der Sonne hier und dort die Wolken durchbrechen. „Siehst du, Maurizio, jetzt öffnet sich der Himmel für uns!" Michelangelo zeigt in die Höhe. „Und so soll die Kuppel des Petersdomes sein: ein Gewölbe des Himmels. Ein Himmel, der sich für den Menschen öffnet. Ein Himmel, unter dem der Mensch sich in der Nähe Gottes fühlt. Wo er spürt: Jetzt ist Gott für mich da!" Drei Jahre später hat Michelangelo das Holzmodell der Kuppel vollendet. Inzwischen sind die Säulen für die Kuppel fertiggestellt. Der Tambour, das ist die kreisförmige Mauer, auf die die Kuppel des Domes gesetzt wird, ist be-

„Und so soll die Kuppel des Petersdomes sein: ein Gewölbe des Himmels. Ein Himmel, der sich für den Menschen öffnet. Ein Himmel, unter dem der Mensch sich in der Nähe Gottes fühlt. Wo er spürt: Jetzt ist Gott für mich da!"

gonnen worden. „Michelangelo", lobt der Papst den nunmehr Neunundachtzigjährigen, „jetzt kann niemand mehr deinen Dom verändern." Er weiß zwar in diesem Augenblick nicht, daß spätere Baumeister die Kuppel ein wenig erhöhen, daß sie das Kirchenschiff des Domes verlängern, daß sie eine riesige Fassade vor den Petersdom setzen, die die krönende Kuppel des Michelangelo fast verschluckt. Aber er hat recht, als er seinem Lob hinzufügt: „Rom ist ab jetzt deine Stadt, Michelangelo! Mit dem Kapitol auf der einen und dem Petersdom auf der anderen Seite! Mit der Pietà, der Sixtinischen Kapelle, mit dem auferstandenen Christus und dem Mose in ihrem Innern wird Rom für immer die Stadt Michelangelos sein!"

Am 15. Februar des Jahres 1564 läßt Michelangelo sich von Maurizio sein Pferd satteln. „Meister, es ist zu kalt. Du wirst dir den Tod holen!" versucht Maurizio das Vorhaben des Meisters zu verhindern. „Nein, mein Lieber, ich muß nach Sankt Peter und dort nach dem Rechten schauen!" Dort läßt er sich nach oben tragen, um den Baubeginn der Kuppel zu besichtigen. Er gibt Anweisungen, die eine Mauer zu verstärken und eine andere abzureißen. Er entdeckt schlechtes Material und befiehlt, es dem Lieferanten zurückzugeben.

Am Abend fällt der Meister in einen tiefen Schlaf, aus dem er nur ab und zu kurz wieder aufwacht. Dann beschreiben seine zitternden Hände eine Kuppel, und man hört ihn sprechen: „Der Himmel... der Himmel ist geöffnet. Geöffnet für mich!"

Weil seine Freunde keine Besuche mehr zu dem Sterbenden hineinlassen, legen die Römer Geschenke und Grüße vor die Tür der kleinen Werkstatt nieder.

Der große Bildhauer, Maler und Baumeister, der in seinem fast neunzigjährigen Leben keinen Augenblick der Ruhe gekannt hat, schläft am 18. Februar ruhig in das andere Leben hinüber.

„Aber Michelangelo ist doch gar nicht in Rom begraben", fragte Francesco seinen Bruder Maurizio. „Wir haben doch sein Grab hier in der Kirche Santa Croce!" – „Ja, das hat Michelangelo in seinem Testament so gewollt. Der Papst wollte ihn zwar in seiner Kirche, in Sankt Peter, beerdigen. Seine florentinischen Freunde jedoch brachten den toten Michelangelo bei Nacht und Nebel aus der Stadt heraus in seine Heimat zurück." – „Na ja", meinte Francesco, „er ist ja auch in seinem Leben genug hin und her gezerrt worden. Dann hat er wenigstens einmal – wenn auch nur im Tod – seinen Willen bekommen!"

# Nachwort

Jetzt, nachdem du das Buch über Michelangelo zu Ende gelesen hast, jetzt wirst du mir vielleicht recht geben: Es hat sich gelohnt! Ich habe einen neuen Menschen kennengelernt – ich habe einen Freund gewonnen. Ich habe auch eine Menge über Gott erfahren – der Künstler Michelangelo hat mich mit seinen Bildern und seinen Statuen näher zu ihm hingeführt.
Vielleicht bist du jetzt noch neugieriger geworden. Vielleicht hast du dir gesagt: „Wenn ich einmal älter bin, dann möchte ich noch mehr über Michelangelo wissen; dann möchte ich mehr Bücher über ihn lesen. Ja, dann möchte ich die Kunstwerke selbst sehen, die er geschaffen hat..."
Darum schreibe ich dir die wichtigsten Bücher auf, die es in deutscher Sprache gibt. Und ich schreibe dir auch auf, wo die bedeutendsten Kunstwerke Michelangelos heute zu finden sind.

# Die bedeutendsten Kunstwerke Michelangelos

| Wann vollendet: | Name des Kunstwerkes: | Wo es sich jetzt befindet: |
|---|---|---|
| *1475* | *Michelangelo geboren* | *in Caprese bei Florenz* |
| 1491 | Madonna auf der Treppe | Casa Buonarroti, Florenz |
| 1492 | Die Schlacht der Kentauren | Casa Buonarroti, Florenz |
| 1495 | St. Petronius, der Engel, St. Proculus | San Domenico, Bologna |
| 1500 | Pietà | Peterskirche, Rom |
| 1504 | David | Accademia, Florenz |
| ca. 1504 | Brügger Madonna | Notre Dame, Brügge |
| 1513 | Gefesselter Sklave, Sterbender Sklave (unvollendet; Teile des Julius-Grabmals) | Louvre, Paris |
| 1512 | Deckengemälde „Schöpfung" | Sixtinische Kapelle, Rom |
| 1516 | Mose (Teil des Julius-Grabmals) | S. Pietro in Vincoli, Rom |
| 1520 | Auferstandener Christus | Santa Maria sopra Minerva, Rom |
| 1534 | Kapelle der Medici | San Lorenzo, Florenz |
| 1541 | Das Jüngste Gericht | Sixtinische Kapelle, Rom |
| 1538 | Entwürfe für den Kapitolsplatz | Kapitol, Rom |
| ca. 1550 | Pietà (Kreuzabnahme) | Dombaumuseum, Florenz |
| ca. 1560 | Modell für die Kuppel von Sankt Peter | Peterskirche, Rom |
| *1564* | *Michelangelo gestorben* | *Grab in Santa Croce, Florenz* |

# Zeitgenossen Michelangelos (1475–1564)

| Name: | Beruf/Amt: | gelebt: |
|---|---|---|
| Bertoldo di Giovanni | Bildhauer (Meister Michelangelos) | 1420–1491 |
| Sandro Botticelli | Maler | 1444–1510 |
| Bramante | Baumeister und Maler | 1444–1514 |
| Domenico Ghirlandajo | Maler (Meister Michelangelos) | 1449–1494 |
| Lorenzo de Medici (Il Magnifico) | Stadtherr v. Florenz (Förderer Michelangelos) | 1449–1492 |
| Perugino | Maler | 1450–1523 |
| Girolamo Savonarola | Dominikanerpater und Bußprediger | 1452–1498 |
| Leonardo da Vinci | Maler, Bildhauer und Baumeister | 1452–1519 |
| Filippino Lippi | Maler | 1457–1504 |
| Maximilian I. | römisch-deutscher Kaiser | 1459–1519 |
| Niccolò Machiavelli | Staatsmann und Schriftsteller | 1469–1527 |
| Albrecht Dürer | Maler | 1471–1528 |
| Tizian | Maler | 1477?–1576 |
| Antonio da Sangallo | Baumeister | 1483–1546 |
| Raffael (Santi) | Maler und Baumeister | 1483–1520 |
| Martin Luther | Augustinermönch und Reformator | 1483–1546 |
| Karl V. | römisch-deutscher Kaiser | 1500–1558 |
| Daniele da Volterra | Bildhauer und Maler | 1509–1566 |
| Tintoretto | Maler | 1518–1594 |

| Päpste zur Zeit Michelangelos | | Werke Michelangelos |
|---|---|---|
| *regierten:* | | |
| Sixtus IV. | 1471–1484 | |
| Innozenz VIII. | 1484–1492 | |
| Alexander VI. | 1492–1503 | Pietà/St. Peter |
| Pius III. | 1503 | |
| Julius II. | 1503–1513 | Decke/Sixt. Kapelle |
| Leo X. | 1513–1521 | Mose |
| Hadrian VI. | 1522–1523 | |
| Clemens VII. | 1523–1534 | Cappella Medici |
| Paul III. | 1534–1549 | Jüngstes Gericht |
| Julius III. | 1550–1555 | |
| Marcellus II. | 1555 | |
| Paul IV. | 1555–1559 | |
| Pius IV. | 1560–1565 | Modell f. St. Peter |

# Wichtige Bücher über Michelangelo

*Herbert von Einem,* Michelangelo, Stuttgart 1959

*Herman Grimm,* Michelangelo. Sein Leben in Geschichte und Kultur seiner Zeit, Berlin 1967

*Valerio Guazzoni/Alessandro Nava/Enzo N. Girardi u.a.,* Michelangelo. Der Maler. Der Bildhauer. Der Architekt. 3 Bände. Belser Verlag, Stuttgart ²1985

*Frederick Hartt,* Michelangelo. DuMont Buchverlag, Köln 1965

*Lutz Heusinger,* Michelangelo, Florenz 1977

*Heinrich Koch,* Michelangelo, rororo Monographien 124, Hamburg 1966

*Hans Mackowsky,* Michelangelo, Stuttgart 1947

*Bruno Nardini,* Michelangelo. Leben und Werk. Verlag Urachhaus, Stuttgart ³1985

*Giovanni Papini,* Michelagniolo und sein Lebenskreis, Düsseldorf 1949

*Irving Stone,* Michelangelo. Biographischer Roman, Herbig Verlag, München 1981